はじめに

I.本書を出版した理由

　「痛くない注射針」で一世を風靡した岡野工業株式会社が黒字経営であったにもかかわらず後継者がいなかったために 2018 年に廃業したことは、普段、中小企業支援に携わっている私たち、小規模企業知的資産経営実践研究会（東京都中小企業診断士協会三多摩支部に所属する研究会、以下「知的資産研」）の会員にとって大変ショッキングな出来事でした。

　中小企業庁の 2020 年版中小企業白書（Ⅰ-134p）によれば、2019 年に休廃業・解散した 4 万 3 千者強の企業の約 6 割が経営者の高齢化や後継者不在を休廃業・解散の理由としています。この約 6 割の企業は、創業以来、歴代の経営者の皆さんが自らの能力、人格、バイタリティーを駆使してリスクをとって事業に取り組んでこられたことでしょう。失敗と成功を繰り返しながらも会社を発展させ続け、バブル崩壊のときもリーマンショックのときも顧客に必要とされ続けてきました。

　しかし、技術や人、会社の仕組みなど、企業のどのような経営資源が顧客の支持をつなぎ止め、黒字経営を可能にしたのかを改めて第三者に明確に説明できる経営者は、多くないというのが私たちの実感です。

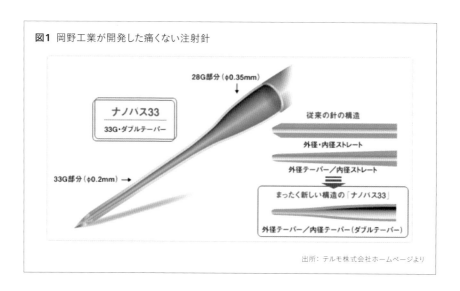

図1 岡野工業が開発した痛くない注射針

出所：テルモ株式会社ホームページより

たとえ幸いにして後継者が見つかり無事、株式、資金、事業用資産等の「事業資産」を承継できたとしても、経営理念、従業員の技術や技能、ノウハウ、経営者の信用、取引先との人脈、知的財産権など貴社の強みの源泉である「知的資産」を後継者に承継できなければ、貴社が現状を維持することも難しくなるでしょう。まして、世界最大の写真用品メーカー　イーストマンコダック社の倒産が示すように、大企業でさえ存続が難しくなるほど経営環境が激変する世の中にあっては、経営資源の乏しい中小企業こそ強みを活かし、時代に合わせ変化し続けなければ生き残り続けることは難しいに違いありません。

　これから事業承継に取り組まれる経営者の皆さんには、創業以来の貴社の事業を振り返り、貴社が事業を維持・発展できた強みの源泉はいったい何だったのか、承継すべき経営資源は何か、を再確認するところから事業承継の取り組みをスタートしていただきたいと思います。

　2012年に私たち知的資産研が独自に開発し、日々の企業支援に活用している「INASMAメソッド＊」（イナズマメソッドと称する）が後継候補の自覚を促し、しっかりと経営のバトンを引き継ぐためのお役に立つに違いない、との思いから知的資産研の有志が本書の執筆に着手しました。

＊INASMAメソッドは、知的資産経営の英訳であるIntellectual asset managementの頭文字から私たちが独自に名付けた分析ツールの名称です。

　なお、白書など官公庁の統計などでは個人事業主と会社の両方を含む表現として「者」を用いています。

Ⅱ.本書の使い方

1.本書を読んでほしい人

　本書は、以下のような皆さんに読んでいただきたいと思い執筆しました。

①事業承継を考え始めた経営者
②事業承継が眼前の課題だが何から着手して良いかわからず悩んでいる経営者
③事業承継にイメージの湧かない後継候補
④事業承継の相談を受けている中小企業支援者や金融機関の担当者

本書の前半では、我が国における中小企業の事業承継の実態、承継すべき経営資産の内容、事業承継における課題など概括的な情報をお伝えしています。

　本書の後半では、親族内承継、内部昇格、M&Aの3形態、14社の事業承継の事例をストーリー仕立てでご紹介しています。さらに、各社の事業承継過程の分析から貴社の円滑な事業承継のために「INASMAメソッド」がどのように活用できるのかをお伝えしています。

　また、経営環境が激変する世の中で事業を承継されようとする後継候補の皆さんに目指していただきたい経営者像と、是非、身に着けていただきたい知識、スキルも併せてご提示しています。

2. 読み始めコンシェルジュ

　事業承継にまつわる論点は多岐にわたります。お忙しい皆さんが本書を通読されるのは大変かもしれません。そこで、図2「読み始めコンシェルジュチャート」を参考に事業承継に関して皆さんが気になっている点、知りたい点について書かれているパートから読み始めてください。私たちとしてお勧めしたいのは、まず、第4章の「実際に事業承継した人、これから行う人の事例」を読んでいただき、事業承継の実際を追体験していただいた後、第1章から第3章の事業承継に関する概括的な情報を知っていただくことです。

　本書が皆さんの円滑な事業承継に少しでもお役に立てれば幸いです。

図2 読み始めコンシェルジュチャート

中小企業の
経営者

- いつ頃事業承継に取り組む
べきか知りたい
→ 第1章1.2の「黒字廃業による経済的
損失」と1.3の「事業承継をするにも
時間がかかる」をまず読んでください

- 事業承継をする際の主な課題や
気づきにくい課題について知りたい
→ 第1章1.4の「経営者が考える
事業承継の課題」をまず読んでください

- 引き継ぐべき経営資産とは
何かを具体的に知りたい
→ 第2章の「承継すべき項目」を
読んでください

- 他の企業ではどのように事業承継が
されたのかを具体的に知りたい
→ 第4章の「実際に事業承継した人、
これから行う人の事例」の4.1事例を
読んでください

- 円滑な事業承継にINASMAメソッド
をどう活用すれば良いかを知りたい
→ 第4章4.2の「INASMAメソッドの
事業活動への適用」を読んでください

中小企業の
後継候補

- どの様な経営者を目指すべきかの
ヒントがほしい
→ 第5章5.4の「後継者の理想像」を
読んでください

- 経営者として最低限身に着けて
おくべき知識やスキルが知りたい
→ 第5章5.3の「後継者が身に着けた
ほうがよい知識」を読んでください

- 経営者として最低限身に着けて
おくべき知識やスキルが知りたい
→ 付録を読んでください

中小企業の
支援者

- INASMAメソッドとは
どのようなツールかを知りたい
→ 第3章の「INASMAメソッドで
見えない資産を見える化できる!!」
を読んでください

- INASMAメソッドの具体的な
活用事例を知りたい
→ 第3章3.2の「INASMAメソッドの
活用例」を読んでください

- INASMAメソッドをどのように
使うのか具体的に知りたい
→ 第II部の「INASMAメソッドの解説」
を読んでください

出所：筆者作成

目次

第1部

円滑な事業承継のために知っておきたい基礎知識

第1章　中小企業の事業承継

第2章　承継すべき項目

(1)顧客との関係　(2)仕入先との関係　(3)協力会社との関係
(1)社長の思い　(2)経営理念　(3)経営戦略　(4)事業戦略
(5)計画管理　(6)社内組織　(7)社内の仕組み　(8)知的財産
(9)許可・認可・免許等(法人)
(1)社員のスキル　(2)管理職のとりまとめ力　(3)情報収集能力
(4)許可・認可・免許等(個人事業主)

第 I 部

円滑な事業承継のために
知っておきたい基礎知識

第 **1** 章　中小企業の事業承継

日本経済のGDPが長期停滞している中、黒字廃業を含めた大量廃業が進行すれば、日本経済の活力がさらに失われ、社会的な問題になりかねません。したがって、行政などによる、中小企業の経営者への事業承継サポート体制の拡充とともに、経営者が後継者の確保を含めた事業承継の準備に早期に着手することが必要です。

1-1　中小企業の実態

　2021 年版中小企業白書（中小企業庁編）によれば、直近の 2016 年における国内企業数 359 万者のうち、中規模企業と小規模事業者を合わせたいわゆる中小企業は約 358 万者と全企業数の実に 99.7%を占めています。さらに、中小企業の従業員数は 3,220 万人と、国内の全従業員数の 68.8%、約 7 割を占めています［**図1-1**］。まさに、中小企業こそ日本経済を支える存在であるといえます。

　このように日本経済を支える存在である中小企業の休廃業・解散件数が年々

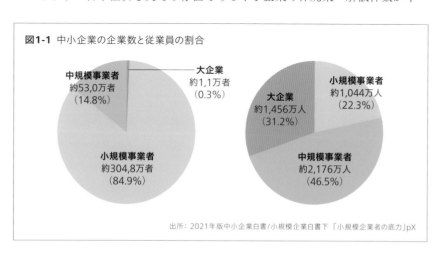

図1-1 中小企業の企業数と従業員の割合

出所：2021年版中小企業白書/小規模企業白書下「小規模企業者の底力」pX

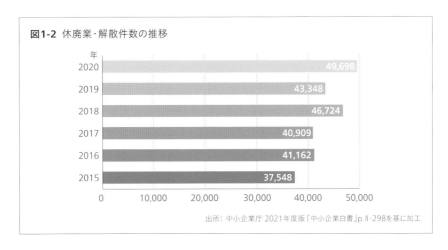

図1-2 休廃業・解散件数の推移

年
2020　49,698
2019　43,348
2018　46,724
2017　40,909
2016　41,162
2015　37,548

（横軸: 0　10,000　20,000　30,000　40,000　50,000）

出所: 中小企業庁 2021年度版「中小企業白書」p.II-298を基に加工

増加しています［**図1-2**］。60歳以上の中小企業経営者の実に半数が廃業を予定しており［**図1-3**］、また、中小企業庁　平成 28 年 12 月「事業承継ガイドライン」によれば、企業規模に関係なく「後継者を確保できない」をその主な要因としています［**図1-4**］。

　今回の新型コロナウイルス感染症は、このような状況にあった中小企業経営者に休廃業・解散の決断を促したものと思われます。実際、2020 年には、民間調査会社の調査開始以降最多となる 49,698 件の休廃業・解散を記録してしまいました［**図1-2**］。

　また、新型コロナウイルス感染症発生前の 2019 年においても経営者の後継

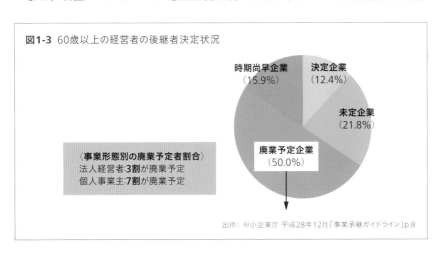

図1-3　60歳以上の経営者の後継者決定状況

時期尚早企業（15.9%）
決定企業（12.4%）
未定企業（21.8%）
廃業予定企業（50.0%）

〈事業形態別の廃業予定者割合〉
法人経営者:**3割**が廃業予定
個人事業主:**7割**が廃業予定

出所: 中小企業庁 平成28年12月「事業承継ガイドライン」p.8

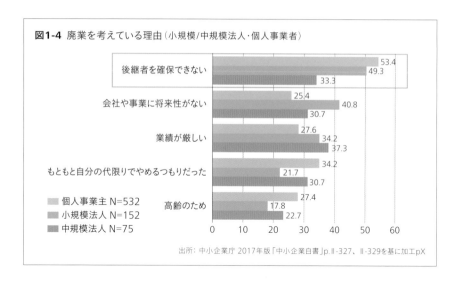

図1-4 廃業を考えている理由（小規模/中規模法人・個人事業者）

後継者を確保できない 53.4 / 49.3 / 33.3

会社や事業に将来性がない 25.4 / 40.8 / 30.7

業績が厳しい 27.6 / 34.2 / 37.3

もともと自分の代限りでやめるつもりだった 34.2 / 21.7 / 30.7

■ 個人事業主 N=532
■ 小規模法人 N=152
■ 中規模法人 N=75

高齢のため 27.4 / 17.8 / 22.7

出所: 中小企業庁 2017年版「中小企業白書」p.Ⅱ-327、Ⅱ-329を基に加工pX

者不足を理由に年間4万者以上の企業が休廃業や解散をしており、そのうち約6割は黒字企業でした［**図1-5**］。

　しかも、黒字廃業した4社のうちの1社は売上高当期純利益率が5%以上の高い利益率を確保している企業となっています。

　厳しい業績を背景とした廃業は、やむを得ない面はあるかもしれません。一方で、従業員の雇用、技術やノウハウなどが失われてしまうとともに、少なくとも売上高当期純利益率が5%以上の黒字企業が廃業することは、日本経済の活力を損なうことになります。黒字廃業をする経営者に適切な後継者さえいれば、経営資源の引継ぎによって事業の継続が可能となり、従業員の雇用などを維持することができるのです。

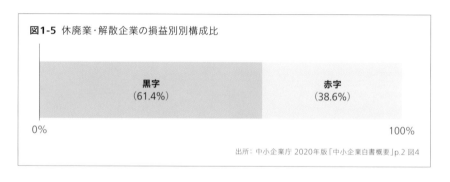

図1-5 休廃業・解散企業の損益別別構成比

黒字（61.4%）　赤字（38.6%）

0%　　　　　　　　　　　　　　　　　　　　　　　　100%

出所: 中小企業庁 2020年版「中小企業白書概要」p.2 図4

1-2　黒字廃業による経済的損失

　前節で説明した通り、後継者不在などの理由から廃業する企業の約6割が経常黒字という状況にあります。また、経済産業省の内部試算においては、このまま黒字廃業を放置すれば2025年までの累計で約650万人の雇用と約22兆円の国内総生産（GDP）が失われる恐れがあるとしています。

黒字廃業がもたらす影響
後継者不在→黒字廃業
⇒約650万人の雇用喪失
⇒約22兆円の国内総生産の喪失

　また、2025年に中小企業の6割以上に上る245万人の経営者が70歳を超える一方、その約半数にあたる中小企業経営者127万人が後継者未定の状態にあるとされています。さらに、60歳以上の個人事業主の7割は「自分の代で家業をやめる」と回答しています。（経済産業省　中小企業庁「中小企業・小規模事業者におけるM&Aの現状と課題」（資料3-1）（令和2年11月11日））

　一方、経営者の年齢が30歳代の企業では6割程度の企業が増収を確保していますが、経営者の年齢が上がるにつれて増収を確保する企業の割合が低下しているという傾向があるなど［**図1-6**］、企業の成長にとって経営者の世代交代が大きな要因であることがうかがえます。

　高度成長期からバブル期にかけて創業した団塊世代の経営者が、高齢化により一斉に引退を迎えつつあるなか、後継者不在で経営者の世代交代が進まず、このまま大量廃業が進行すれば、日本経済の活力がさらに失われ、大きな社会問題となりかねません。

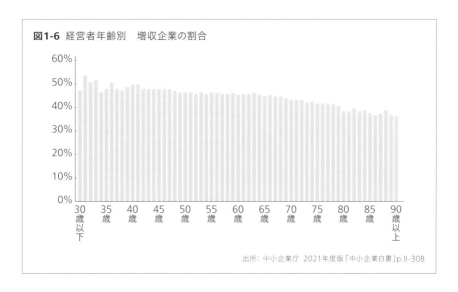

図1-6 経営者年齢別　増収企業の割合

出所：中小企業庁　2021年度版「中小企業白書」p.Ⅱ-308

1-3　事業承継するにも時間がかかる

　株式会社きらぼしコンサルティングの「親族内事業承継の手引書」によれば親族内事業承継では、後継者の選定に37.1%の企業が3年以上かかり、仮に後継者が運よく見つかったとしても育成には5〜10年の期間が必要とされた企業が最多の29.4%となっています［**図1-7**］。

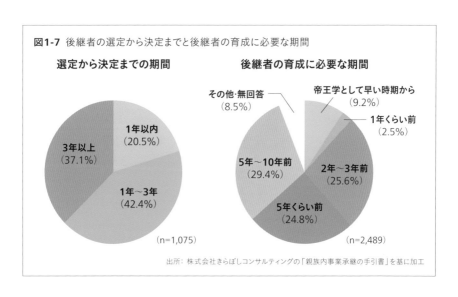

図1-7 後継者の選定から決定までと後継者の育成に必要な期間

選定から決定までの期間

3年以上
（37.1%）

1年以内
（20.5%）

1年〜3年
（42.4%）

（n=1,075）

後継者の育成に必要な期間

その他・無回答
（8.5%）

帝王学として早い時期から
（9.2%）

1年くらい前
（2.5%）

5年〜10年前
（29.4%）

2年〜3年前
（25.6%）

5年くらい前
（24.8%）

（n=2,489）

出所：株式会社きらぼしコンサルティングの「親族内事業承継の手引書」を基に加工

図1-8 事業承継の課題

課題例	比率	課題区分と状況等
事業の将来性	52.6%	事業性：特に将来性が引継ぎに影響
後継者の経営力育成	44.0%	経営力：後継者自身の資質
後継者を補佐する人材の確保	36.4%	経営力：後継者単独では難しい
従業員との関係維持	32.0%	関係性：従業員との意思疎通
近年の業績	30.7%	事業性：今後の事業性に影響する
取引先との関係維持	27.0%	関係性：取引先との意思疎通
後継者を探すこと	20.8%	後継者：適当な後継者の有無
金融機関との調整	18.9%	関係性：金融機関との意思疎通
特に無し	10.6%	問題が無いか、検討不足か
後継者の了承	9.5%	経営力：後継者の意欲や資質

出所：中小企業庁　2021年版「中小企業白書」p.Ⅱ-334より作成

　したがって、事業の承継には時間がかかるので、少しでも早く承継計画を立てる必要があります。

　今後とも日本経済を成長させていくためには、早くから後継者候補を見つけ育成することで後継者不在による中小企業の廃業を食い止めることが国や地方自治体、公的支援機関等の喫緊の課題となっています。

1-4　経営者が考える事業承継の課題

　中小企業庁の調査によれば、中小企業経営者が考えている事業承継の課題は、**図1-8** のように整理されます。1位の「事業の将来性」と2位の「後継者の経営力育成」は、事業環境の変化が激しい時代において、特に重要なものです。また3位には「後継者を補佐する人材の確保」、4位には「従業員との関係維持」となっていますが、その理由としては、後継者のトップダウン的経営では、新たな事業環境への対応が難しくなっていることが推測されます。

　経営者の年齢が若い企業ほど増収傾向にあるという**図1-6** のデータが示すように、現在のような変革期においては、新たな事業環境に対応できる後継者を選定、育成し、承継後の経営において「企業の存続」と「事業の成長」を図ることが企業にとり最も重要です。ここでいう「事業の成長」には、単なる売上高の増加や企業規模の拡大だけではなく、収益改善、社会や地域貢献、雇用や従

業員の待遇改善などにつながる質的な成長も求められます。

1-5　経営者が気づきにくい事業承継の課題

　事業承継において承継すべき経営資源にはどのようなものがあるのでしょうか。すぐに思い浮かべることができるのは、経営者の「人（経営者）」の承継や、経営者の株式や事業用資産などの「資産」の承継だと思います。

　これらの「人（経営者）」や「資産」のほかに、承継すべき重要な経営資源として、目に見えない資産である「知的資産」があります。この「知的資産」には、従業員の技術・ノウハウなどの「人的資産」や仕事の仕組みや企業文化といった「組織資産」、そして顧客や協力会社との関係性などの「関係資産」があり、それらが企業の「強み」の源泉となっています。

　しかし、前節**図1-8**「事業承継の課題」では、わずかに「関係資産」として取引先や金融機関との関係維持が課題としてあげられているだけです。このように多くの経営者が「知的資産」の重要性に気づいていないために事業承継時に強みの源泉である「知的資産」をうまく引き継ぐことができなかった企業が多く見られます。

経営者が気づきにくい事業承継の対象

→知的資産　・人的資産 ┐
　　　　　　・組織資産 ├ 強みの源泉
　　　　　　・関係資産 ┘

　したがって、事業承継にあたっては、経営者が「知的資産」をしっかりと理解し評価したうえで後継者に承継することが重要です。

1-6　事業承継の機微性

　中小企業の後継者の状況については、60代で48.2%とおよそ半数は不在であり、70代以上でも3割以上の企業が不在となっています。[**図1-9**]

　これは、経営者が健康なうちに後継者探しを行っていないことも一つの要因であると思われます。そのため、このような企業では、経営者の病気や死に直面して初めて後継者探しを行うことになると想定されます。特に高齢の経営者

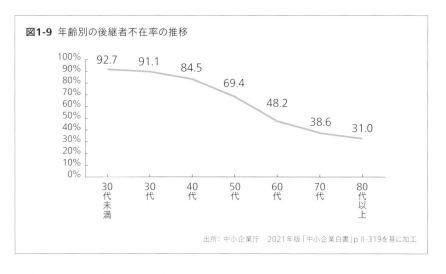

図1-9 年齢別の後継者不在率の推移

100%
90% 92.7 91.1
80%   84.5
70%   69.4
60%
50%   48.2
40%   38.6
30%   31.0
20%
10%
0%

30代未満　30代　40代　50代　60代　70代　80代以上

出所: 中小企業庁　2021年版「中小企業白書」p.Ⅱ-319を基に加工

を擁する中小企業では、生前に外部の関係者に相談しにくく、また外部の関係者も経営者に働きかけづらいものとなっています。事業承継には、このように機微性の高いデリケートな側面のあることが、中小企業の事業承継がうまくいかない一つの要因ともなっています。

　こうした課題を克服するためには、経営者の事業承継に対する意識の変革と対応が不可欠です。そもそも、事業承継は経営者が事業を承継する意思を固め、その旨を社内外に説明しなければ実現しません。外部の関係者から働きかけるにしても、経営者本人や親族、従業員などにとって必要であるとの観点から経営者に対して事業承継を促すべきです。そして経営者が主体となって後継者を選定のうえ、事業承継後の経営を見据えて事業承継のタイミングを検討しつつ、事業承継を進めていく必要があります。

1-7　後継者づくり

1-7-1　後継者の選定

　後継者には、企業存続のために「経営者」に相応しい人物になってもらう必要があります。経営者は、まずは、子どもをはじめとした親族や役員・従業員といった限られた人材の中から後継者を選定するものと思われます。

　選定基準は必ずしも高く設定する必要はありません。謙虚さ、実直さ、素直さ、人望などがあれば後継者として十分な資質があるといえます。なお、1.3

節にて紹介したように37.1%の企業が後継者の選定に3年以上時間がかかっていることを考慮すれば早めに選定を開始することをお勧めします[**図1-7**]。

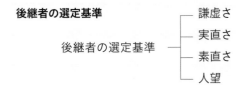

後継者の選定基準

後継者の選定基準 ─┬─ 謙虚さ
　　　　　　　　　├─ 実直さ
　　　　　　　　　├─ 素直さ
　　　　　　　　　└─ 人望

1-7-2 親族内承継

　前項で中小企業の事業承継においては、親族や役員・従業員から後継者を選定するのではないかと記載しましたが、経営者の息子や娘を必ずしも後継者にしなければならないわけではありません。むしろ、今では経営者が子どもの意思を尊重する傾向が強くなっており、その意思に反してまで後継者にさせることを控えるケースが多くなっていると思われます。

　一方で、子どもも後継者となることを敬遠することが増えています。理由としては、中小企業の経営者として企業を経営することよりも大きな企業や組織での自己実現に魅力を感じていることや、経営に失敗して自分自身も破産してしまう可能性があるのであれば大きな企業や組織で安定した人生を送りたいとの風潮があることなどがあげられます。

　しかし、中小企業には「地域外から地域内に」収入をもたらし「納税すること」、「地域のひと」に「雇用を提供」し生活を守るという重要な役割があります。また、中小企業は、業績が経営者自身の評価につながるなど、大きな企業や組織に属する場合とは違った自己実現を図ることができることに加え、後継者が独自の切り口で事業を見直し、新たな製品開発や販売方法に取り組むことで企業を成長させている事例も多くなってきています。経営者はこのような中小企業経営の魅力についても、候補となる親族や役員・従業員に説明していくべきであると思います。

1-7-3 育成プランと体制づくり

　中小企業においては、幹部社員への権限委譲や情報開示があまり進んでおら

ず、経営者が経営のほぼすべてを担い経営判断するケースが多いと思われます。なぜならば、経営資源の乏しい中小企業では、経営者が厳しい経営環境の下で生き残りをかけて、経営の全責任を負い、上意下達でスピード感を持って組織を動かしていくことに一定の合理性があるからです。

自社内で後継者を育成する方法としては、自社の組織の定期的な異動による経験の積み重ね、自社事業の技術・ノウハウの社内教育、同業他社などの外部企業での勤務、社外セミナー・同業者の集まりへの参加、資格取得の推奨などがあげられます。

また、後継者の経営能力を育成するためには、自社の経営課題を解決する施策を考え、組織を動かし、その結果を確認のうえ次の施策を考えるという、個別事案を通じて経営の経験を積み重ねることが必要となります。

他方、自社内で経営の全体を把握したり経営の経験を直接積んだりすることのできない場合には後継者候補が育ちづらいことになります。

このような場合、後継者候補を育てるにはどのような取り組みが考えられるでしょうか。

まずは、経営者の頭の中にある、経営理念、外部環境や内部環境を踏まえた「経営課題」などを整理したうえで、実態に即した「体制づくり」から着手することです。具体的には、後継者候補となる親族や幹部社員に会社全体の状況や経営課題を示し、会社の施策をともに議論する機会を設けることや、その施策の実行にあたり権限委譲を行うことなどが考えられます。このような取り組みを継続していくことで、後継者候補の育成を図ることができます。

第 **2** 章　承継すべき項目

後継者が、経営を引き継ぐために準備すべきものは何か。棚卸しの重要性を考え、自社の価値を探求し、自社を支えているものについて説明します。会社を承継する際の「目に見える資産（株式、資金、事業用資産と従業員）」と「目に見えない資産（関係資産、組織資産と人的資産）」にどんな資産があるかを具体的に説明します。

ここでは、後継者が、なぜこれらの資産を承継する必要があるかについて説明します。

2-1　承継すべき項目とは？

前章で説明したように、事業承継には少なくとも 5 〜 10 年の準備期間 [**親族内事業承継：図 1-7**] が必要とされています。この期間にどのような準備が必要で、何をどのように承継するのでしょうか？

下図に示すように承継すべきものは、大きく 3 つに大別できます。

第一に、「経営権」です。つまり、会社の様々な事柄を管理・決定できる権利

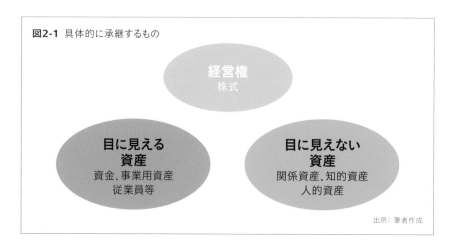

図2-1　具体的に承継するもの

経営権
株式

目に見える資産
資金、事業用資産
従業員等

目に見えない資産
関係資産、知的資産
人的資産

出所：筆者作成

図2-2 様々な「目に見えない資産」＝「無形資産」（特に価値のあるものを知的資産という）

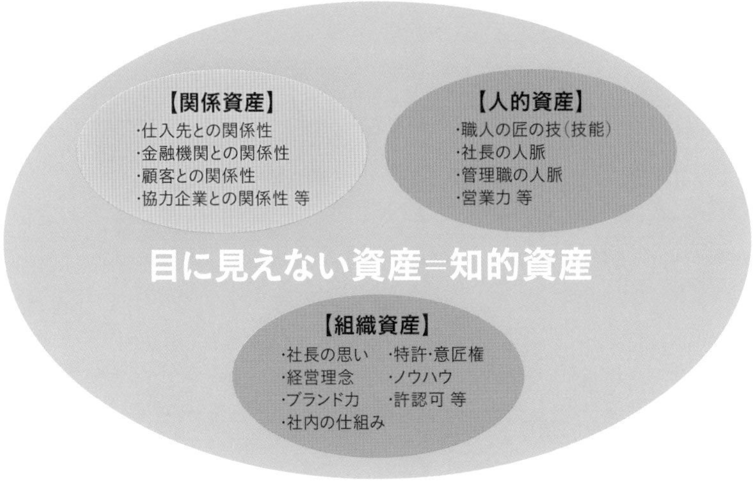

【関係資産】
・仕入先との関係性
・金融機関との関係性
・顧客との関係性
・協力企業との関係性 等

【人的資産】
・職人の匠の技（技能）
・社長の人脈
・管理職の人脈
・営業力 等

目に見えない資産＝知的資産

【組織資産】
・社長の思い　・特許・意匠権
・経営理念　　・ノウハウ
・ブランド力　・許認可 等
・社内の仕組み

出所：筆者作成

です。

　第二に、会社の土地建物、従業員、運転資金や負債といった「目に見える資産」です。これらは毎年の決算で棚卸されており、「経営権」を承継することにより自動的に承継できることから準備期間はこんなに長く必要ありません。

　第三に、そうした財務諸表などでは見ることができない様々な「目に見えない資産」があります。「目に見えない資産」を「無形資産」といいます。このうち、特に価値の高いもので人間の知的創造や知的活動により生み出されたものを「知的資産」と呼びます。

　「知的資産」は多岐にわたり、会社の強みの源泉となっています。一方、それらの「知的資産」の維持が会社内で仕組み化されておらず、社長個人の考えや経験に帰属しているケースが多くの中小企業で見られます。このように会社の強みの源泉が社長個人の考えや経験などに基づく場合、後継者がそれらを理解し、実践を通じて体得するには5〜10年もの準備期間が必要なのです。

2-2　知的資産とは?

　それでは、会社の強みの源泉となる「知的資産」とは、具体的にどのような

図2-3 知的資産の分類

資産	例
関係資産	顧客/取引先/協力企業との関係性、顧客満足度や信頼等
組織資産	企業理念、経営戦略、組織の仕組み、知的財産、許認可等
人的資産	社員のスキル、人脈構築力、マネジメント力、経験等

出所: 経済産業省　知的財産政策室「知的資産経営評価融資の秘訣」p2を加工

ものなのでしょうか。

　図2-3に示すように、知的資産は、対外関係に付随した経営資産である「関係資産」、社員が退職した後でも会社に残る「組織資産」と、社員の退職により企業に残らない「人的資産」の三つに分類されます。

　ここからは、三つに分類されたそれぞれの資産の内容と留意点を具体的に説明します。

2-2-1 関係資産

　関係資産には、会社承継後にも引き継いで残してほしい資産として「顧客・取引先など外部から評価されている我が社の価値」があります。

(1) 顧客との関係

　現在の顧客そのものは目に見えても、顧客との関係性は目に見えない資産と言えるでしょう。後継者は、それぞれの顧客とどのような関係なのか、その顧客が自社を選んでいる理由は何なのかを把握しておく必要があります。

　製品やサービスの性能・品質が高いからでしょうか？

　価格が他社に比べて安いからでしょうか？

　それとも社長や営業担当者の人脈によるものでしょうか？

　社長の個人的な関係でつながっている顧客の場合、社長が交代することによりその顧客を失うリスクがあります。同様に、特定の顧客と強い関係を築いている営業部長が独立し、顧客ごと取られるなどというケースもあります。

　また、取引している顧客の属する市場が成長市場であれば、今後売上が伸びるチャンスがありますが、衰退市場であれば売上も減っていくでしょう。した

図2-4 最終製品市場

顧客の顧客

直接の顧客

最終製品市場
最終的な顧客が何を求めているのか、
最終製品の市場の動向がどうなっているのかを
知ることが重要です。

がって、市場環境の変化が激しい昨今では、市場の動向を常に注目しておく必要があります。最終製品を直接消費者に販売しているようなBtoCビジネスの場合、一般的に市場の動向はがつかみやすいと言えます。一方、部品加工事業のように直接の顧客がエンドユーザーではなく、最終製品の製造業者やその手前のユニット製造業者のような場合には、最終製品の市場動向の把握が難しくなります。コンプライアンスの観点から、納入部品がどのような最終製品に使われるのか、納入業者に知らせない場合も多いため、ますます、最終製品の市場動向がつかみにくくなっています。

エンドユーザーの市場動向により、自社の製品が売れなくなるような事態も考えられますので、直接の顧客の動向だけではなく、最終製品の市場動向や、それにつながる社会環境や技術の動向についても注意しておく必要があります。

(2) 仕入先との関係

仕入先との関係性が、会社の強みとなっている場合もあります。小売店の場合、なかなか手に入らない商品の仕入れルートを持っている、製造業の場合、品質の良い部材の仕入れルートを持っているなどです。この場合も「顧客との関係」と同様、なぜその仕入れルートが利用できるのかを把握しておく必要があります。社長や社員個人の関係性に頼っている場合には、経営者交代や特定社員の退職により仕入れルートを失うリスクが存在するということになります。

(3) 協力会社との関係

　一部の製造工程を社外で行ったり、販売代理店として社外の協力会社を使ったりする場合、この協力会社が高い技術力や営業力を持っていることが自社の強みになる場合も考えられます。この場合も顧客や仕入先の場合と同様に会社の強みとなります。こうした協力会社との関係が特別のものであれば、会社にとって「目に見えない資産」であると言えます。

2-2-2　組織資産

　組織資産には、会社承継後にも引き継いで残してほしい経営における価値観として「経営理念」があります。また、顧客に認められている我が社の価値を生み出している要因となる組織資産として、仕事の仕組み（「経営体制」）があります。

(1) 社長の思い

　この会社をどんな会社にしたいのか、お客様に何を届けたいのか、従業員への思いなど、社長の頭の中にはいろいろな「思い」があるはずです。それを社員と共有することによって、その思いに共感する社員との一体感が生まれます。また、社長の考え方次第で社風も違ってきます。経営者が変われば「社長の思い」も変わるはずなので、必ずしも先代の思いをそのまま引き継ぐ必要はありませんが、先代の思いを理解しないまま後継者の方針を推し進めようとすると、従業員との間に摩擦が生じる場合があります。事業承継の場面では、先代経営者がどのような思いを持って会社を経営していたか、それがどの程度社員に伝わっていたか、社員がどの程度共感していたかをよく理解する必要があります。

会社を成長させるぞ！

(2) 経営理念

　上記の社長の思いを端的に表したものが「経営理念」です。

　その会社が

　・何のために存在するのか、

・どこへ向かって企業活動をするのか、

・どのような強みを持っているのか、

・日々どういったことを心がけているのか、

などを表現し、従業員や顧客に向けて示します。コンサルタントに言われたから作って社長室に掲示しているような場合、社員も役員すらもすぐに思い出せないといった会社もよく見かけますが、会社の価値観を共有するためにもぜひ社員に「経営理念」を浸透させてください。いくつかの企業の「経営理念」の例を示します。

「常に最先端技術に挑戦し続け社員とお客様とともに世界の成長をけん引する会社を目指し仕事を通じて社会に貢献します」

株式会社狭山金型製作所

出所:http://www.sayama-kanagata.co.jp/corporate_philosophy/

「社員一人一人の思いとチャレンジを大きなイノベーションに進化させ、心豊かな未来を実現します。全社員が地球・社会・顧客・仲間・家族全てのステークホルダーに必要とされ、価値ある存在となり、現在から未来まで喜びと感動に溢れた世界の実現を目指します」

株式会社industria

出所:https://industria.co.jp/

「わが社は 相互信頼を基調とした格調の高い社風を確立し一丸となって 世界のワコールを目指し不断の前進を続けよう」

株式会社ワコールホールディングス

出所:https://www.wacoalholdings.jp/group/vision/

「お客さまに おいしさを お客さまに まごころを ねぎしはお客さまのためにある そして お客さまの喜びを自分の喜びとして 親切と奉仕に努める」

株式会社ねぎしフードサービス

出所:https://www.negishi.co.jp/company/index.html

（3）経営戦略

　「企業理念」を実現するためには、「経営理念」で示した自社の理想の姿と現実のギャップを埋め、企業の存続と成長を図る必要があります。そのために必要なのが「経営戦略」です。きちんとした経営戦略を立案するためには、SWOT分析やPEST分析などの様々なフレームワーク［**付録**］を利用して市場や競合状況、自社の強みや弱みを分析します。しかし、多くの中小企業では経営者の頭の中で、それまでの経験や得られた情報から直感的に戦略を決めているケースが多いのではないでしょうか？

　中小企業診断士などの専門家のサポートを受けることも、ときには必要になります。しっかりした経営分析とそれに基づいた経営戦略を立案している場合、その戦略と根拠となる市場や自社の分析結果を社員や後継者と共有することは容易です。

　一方、経営者の頭の中だけにある場合、なぜその戦略をとるのかについて整理して文章にしてみることが必要です。そうすることにより社員に対しても説明が可能になり、社員も納得して業務に励むことができるでしょう。

　事業承継にあたっては、先代の経営戦略が現在の自社や外部環境に合致しているかを見直す良い機会にもなります。環境の変化の激しい今の世の中においては、時代に合った「経営戦略」が求められます。

（4）事業戦略

　経営戦略に基づき、事業ごとに具体的な計画や方策に落とし込むための戦略です。複数の事業を行っている会社では事業ごとに策定します。

（5）計画管理

　事業戦略を具体的な行動計画に落とし込み、設定した目標値に対する達成状況を定期的にモニターしていく必要があります。目標が未達成の場合、その原因を分析し必要な対策をとります。こうしたPDCAサイクルを回すことが求められますが、そのやり方は会社により様々です。

　会社の規模や業種により最適な方法を選べば良いのですが、中小企業では行動計画も目標値も社長の頭の中で、社員は途中の達成状況がわからないといった会社も多いのが現実です。

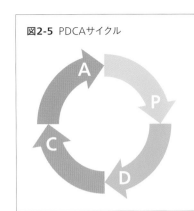

図2-5 PDCAサイクル

P計画　計画を練る
D実行　具体的に行動に移す
C評価　行動を評価分析する
A改善　評価を元に改善する

出所：筆者作成

（6）社内組織

　会社の組織は、それぞれの会社の業務フローにより最適な形態を目指します。大企業の場合は業務機能毎に「営業部」、「総務部」、「経理部」、「製造部」といった部署が作られます。一方、経営資源の乏しい中小企業の場合、社長や従業員が複数の機能を兼任する場合も多く、機能が属人的になりがちです。

　たとえば、営業は社長の人脈だのみだったり、製造は熟練工の社員だのみだったりといった具合です。この場合、該当する個人がいなくなると、会社がたちまち経営に行き詰まるといった事態も考えられます。また、役割分担を明

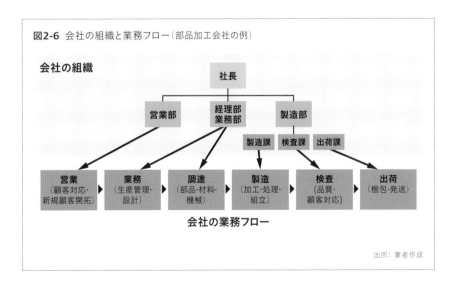

図2-6 会社の組織と業務フロー（部品加工会社の例）

会社の組織

社長
　営業部　　経理部/業務部　　製造部
　　　　　　　　　　製造課　検査課　出荷課

営業（顧客対応・新規顧客開拓）▶ 業務（生産管理・設計）▶ 調達（部品・材料・機械）▶ 製造（加工・処理・組立）▶ 検査（品質・顧客対応）▶ 出荷（梱包・発送）

会社の業務フロー

出所：筆者作成

確にして組織を作っている場合も、外部環境や事業内容が変わるとその組織が
もはや最適ではなくなる可能性もあります。最適な組織は、会社の強みにつな
がります。

(7) 社内の仕組み

　企業には、組織以外にいろいろな社内の仕組みがあります。様々な管理の仕
組み、人材育成の仕組み、業務改善の仕組みなどです。たとえば、毎週職場単
位で業務改善の活動を行い、社長が優れた活動と認めた職場を表彰するなどと

図2-7 社内の仕組みの例

仕事の仕組みの例

• 各種管理の仕組み

「業務マニュアルを整備し、誰が行っても同じ結果が得られるように
する」、「作業環境（温度、湿度、照度など）をモニターし、一定範囲に
制御することにより、製品の歩留まりや作業効率を維持する」など

• 人材育成の仕組み

「スキルマップを作成し、社員各自のレベルの把握と目指すべきレベ
ルを具体化する」、「新入社員、中堅社員、幹部候補等、レベルに応じ
て社外研修を受講させる」など

• 利益創造・費用低減活動の仕組み

「費用低減や歩留まり向上のアイデア提案を募り、優秀なアイデアに
対しては社長表彰を行う」、「製品歩留まりをグラフ化し、改善成果を
「見える化」する」など

• 業務改善の仕組み

「グループウエアを導入し、社内のコミュニケーションや業務効率を改
善する」、「受発注管理システムを導入し、当該業務を効率化する」など

いった仕組みは、業務改善とともに社員のモチベーションアップにもつながります。逆に社長が思いつきで押しつけた仕組みは、なかなか定着せず社員の反発を買う場合もあります。長い間に工夫され定着することにより、その会社に最も合ったやり方となっている可能性があります。

(8) 知的財産

　知的財産は、社員が事業遂行のための創造的活動によって生み出される技術上のアイデア（発明、考案、意匠）、著作物、営業秘密としての顧客リストなどの「知的創造物としての権利」と、事業活動に用いられる商標、商号や屋号などの「営業標識としての権利」から構成されます。また、近年ではこれらに加えて、他社商品/役務との差別化要件となる「ブランド」もますます重要となってきました。

　これらの知的財産は、権利化されると所定期間排他的な権利（特許権・実用新案権・意匠権・商標権）を持つことになり、第三者に許諾する（ライセンス）ことで利益を得たり、競合会社に使わせないことで競争優位性を高め、差別化を図ることもできます。なお、これらの権利は、知的創造活動の結果によって得られるものであり、中小企業が大企業に立ち向かうための大きな武器になり得ます。

　したがって、会社がこれらの知的財産権を所有すれば、それは会社の「強さの源泉」となり、会社の存続のための大きな資産となります。

　近年では、新たに上場会社には「知的財産情報の開示」と、「知的財産への投資について監督する取締役会等」の知的財産に関する規定が盛り込まれるなど「知的財産」の重要性がますます高まっています。

(9) 許可・認可・免許等（法人）

　ある事業を行うにあたって、国や自治体の「許認可」が必要な場合があります。たとえば、不動産業を行うためには国土交通省が管轄の宅地建物取引業免許が必要ですし、飲食業では営業許可が必要です。

　許認可が必要な業種は、1000種類以上にも及ぶとされています。それらは大きく「届出」、「登録」、「許可」、「認可」、「免許」の5種類に分類されます。それぞれの「業法」を中心とする法令に手続内容が定められています。法令の定めの通り手続を行わないと営業ができなくなりますので、当然必要な許認可を

受けているものと思われます。法人の場合は法人に対する許認可は事業承継で引き継がれます。

2-2-3 人的資産

人的資産には、会社承継後にも引き継いで残してほしい資産として、顧客に認められている我が社の資産価値を生み出す源泉である「社員力」があります。

（1）社員のスキル

社員の能力は、会社にとって大きな資産です。どのような能力を有しているか把握し能力を伸ばす仕組みが必要です。

製造業の場合、職人が身に着けた匠の技（技能）により差別化した製品を製造でき、それがそのまま会社の強みになるような場合があります。しかし、その職人が会社を辞めてしまうと、差別化した製品をつくることができなくなってしまいます。また、職人の高齢化により技術が途絶えてしまうと言うような話をよく聞きますが、事業の継続には若い技術者にその技を引き継がせるような仕組みの構築が必要不可欠です。これは何も製造業に限らず、たとえば、小売店やサービス業で優秀な接客技術を持っている社員や営業能力のある社員についても同様です。さらに、各社員が非常に高い技術力だけでなく、基本的な技術をどの程度習得しているかを「見える化」し、要求レベルに達していない社

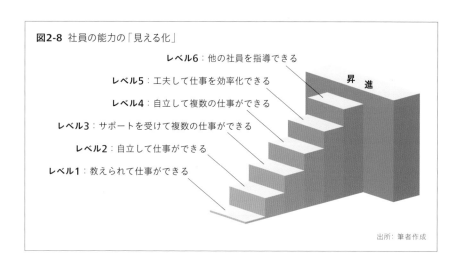

図2-8 社員の能力の「見える化」

レベル6：他の社員を指導できる
レベル5：工夫して仕事を効率化できる
レベル4：自立して複数の仕事ができる
レベル3：サポートを受けて複数の仕事ができる
レベル2：自立して仕事ができる
レベル1：教えられて仕事ができる

昇　進

出所：筆者作成

員に対して、適切な教育や研修を受けさせるような人材育成の「仕組み」が必要です。

(2) 管理職のとりまとめ力

　小さな会社では社長のリーダーシップが重要ですが、会社がある程度大きくなると従業員の数も増え、すべてを社長が管理しきれなくなります。「社長の右腕」や優秀な管理職の存在は、会社にとって非常に貴重な資産と言えます。

(3) 情報収集能力

　変化の激しい現代社会においては、外部からの情報を入手する能力も重要です。多くの中小企業では、社長が自ら得た情報を元に経営方針を決定します。一方、事業承継を検討する会社では、ある程度創業から年月が経っており、それまでの成功体験が邪魔をして、外部環境の変化に鈍感になりがちとなります。営業や調達担当などの外部と接触のある社員が取引先から入手した情報や、技術系社員が学会などに参加して入手した最新の技術情報など、今後の会社の方針決定に役立つ情報は会社にとっての貴重な資産となります。

(4) 許可・認可・免許等（個人事業主）

　事業を行うために、国や自治体の「許認可」が必要な場合があります。

　個人事業主の場合、個人が「許認可」を得ているので、事業承継者が改めて取得する必要があります。また、「〇〇管理責任者」といった法律で設置が定められているような資格を社員に取得させているような場合は、その社員が退職した場合に備える必要があります。

　以上、「見えない資産」に含まれる「知的資産」について解説しました。このような「知的資産」について、引き継ぐべきものを「見える化」して現経営者と後継者が共有することが重要です。現経営者が見えていない項目も多いと思われますので、事業承継をきっかけとして「見えない資産」の棚卸しをすることが必要です。棚卸しにより、この会社の強みの源泉はどこにあるのかを理解すること、そうした強みは今後の経営環境下でもそのまま強みとして存続できるのかを検討すること、存続できないのであれば何が足りないかを見つけるこ

と、などが承継後の経営方針を考えるにあたって大変有効です。

　事業承継において引き継ぐべき会社の「見えない資産」を見える化するのに役立つのが、次章で紹介する「INASMAメソッド」です。

第 3 章

INASMAメソッドで見えない知的資産を「見える化」できる!!

この章では、後継者への事業承継を円滑に進めるための効果的な方法として見えない資産である「知的資産」を「見える化」する「INASMAメソッド」をご紹介いたします。

INASMAメソッドは、今までの事業活動では気づかなかった自社の「強み」や「課題」を可視化し、社長、後継者だけでなく全社員が共有して、後継者による経営革新に一丸となって取り組むきっかけとなります。

また、モデル会社を設定し、INASMAメソッドによる「知的資産」の「見える化」の活用事例を紹介します。

3-1　INASMAメソッドってどんなもの?

　第1章で紹介したように、企業の休廃業や解散が増加傾向にあり、そのうち約6割は黒字企業となっています。また、小規模法人・個人事業主や中規模法人が廃業を考えている理由として、「後継者を確保できない」や「会社や事業に将来性がない」[図1-4]との項目が多くを占めています。これらは、果たして、自社の状況を正確に把握しているのでしょうか?　単に、表面的な財務データの数字からの判断ではないでしょうか?

　第2章にて説明したように、財務データに反映されていない「知的資産」を評価すれば、自社の置かれている現状や将来性について違った見解を持つこともあるのではないでしょうか?

　そして、事業を承継しようと思う親族内承継者(同族承継)や内部昇格者(役員・従業員承継)が現れる可能性があるのではないでしょうか?

　仮に、親族内承継者や内部昇格者が現れないときでも、会社を外部へ売却することで、事業を承継することができるのではないでしょうか?

　少しでも休廃業や解散の企業が減少し、特に黒字廃業を食い止め、日本の経

済を活気づけるためにも、今いちど自社の現状（強みや機会）を精査し、将来性を考えてみましょう。

　ここで紹介する「INASMAメソッド」は、財務データに反映されていない「知的資産」を分析・診断するツールです。

　事業承継を検討されている方には、是非「INASMAメソッド」の知識を深めていただき、後継者候補の方と一緒に「INASMAメソッド」を活用して、自社の現状や将来性を把握することで、事業承継が円滑に進むことを期待します。

3-1-1　INASMAメソッドとは

　事業環境の変化が激しい状況において、企業が存続するためには企業経営も変革を迫られることになります。そのためには、事業の中身と状況を整理し、会社の「強さ」の源泉となる目に見えない経営資産である「知的資産」[**第2章 2-2**]を活用することが重要です。

　INASMAメソッドは、事業の中身と状況を整理して人に説明しやすくするツール（道具）です。つまり、目に見えない「知的資産」を「見える化」し、分析・診断するもので、「商流分析」（外部環境分析）と「社員力診断」（内部環境分析）から構成されます。

　この「知的資産」を「見える化」するために、社長と後継者、または中小企業診断士のような支援者などが議論しながら、「会社の強み」を把握することが事業承継するうえで重要となります。

　「商流分析」では、取引の流れ（知的資産）から自社の「事業課題」を抽出（「見える化」）します。

図3-1 INASMAメソッドの構成

INASMAメソッド

商流分析（外部環境分析）　　　**社員力診断**（内部環境分析）

出所：筆者作成

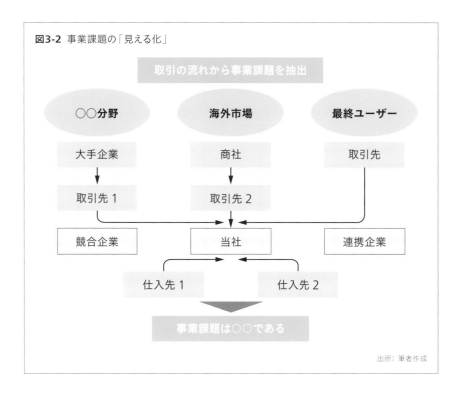

図3-2 事業課題の「見える化」

取引の流れから事業課題を抽出

○○分野　　海外市場　　最終ユーザー

大手企業　　商社　　取引先

取引先1　　取引先2

競合企業　　当社　　連携企業

仕入先1　　仕入先2

事業課題は○○である

出所：筆者作成

　また、経営資源が限られる中小企業にとって、最大の強みとなるのは「人」です。したがって、「社員力診断」では、社員の事業活動について後継者や社員などと話し合いまたは議論しながら、人に関係する資産（強み）を整理し、「経営課題」を「見える化」します。

　このように「INASMAメソッド」によって「見える化」された知的資産は、自社の「企業存続のために必要な強み」となります。

　INASMAメソッドでは、「見える化」された「事業課題」と「経営課題」から、今後の事業性評価を行うことができます。

3-1-2　「商流分析」で取引の流れから「強み」を「見える化」する

　商流分析は、事業承継にあたって自社の顧客との関係を承継予定者（後継者）に正しく理解してもらうために有効なツールです。

図3-3 経営課題の「見える化」

社員活動から経営課題を抽出

➡ 事業貢献大

大分類	社員の活動	1	2	3	4	5
1. 儲けの仕組み	①経営理念		○			
	②経営戦略		○			
	③経営管理		○			
	④信用・信頼度		○			
2. 外部との人脈力	①営業活動の範囲			○		
	②お客様との関係構築				○	
	③協力企業との関係構築			○		
	④仕入先との関係構築	○				
3. 社員の能力	①外部情報収集・活用力		○			
	②お客様対応力			○		
	③ノウハウ創造・活用力	○				
	④社内取りまとめ力		○			
4. 仕事の仕組み	①各種管理システム構築	○				
	②人材育成の仕組み	○				
	③利益創出・費用削減活動		○			
	④業務改善の仕組み		○			

経営課題は○○である

出所：筆者作成

図3-4 INASMAメソッドの構成

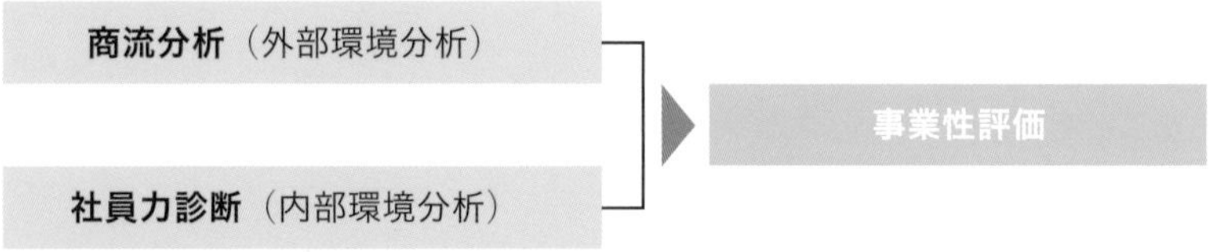

商流分析（外部環境分析）

社員力診断（内部環境分析）

➡ **事業性評価**

出所：筆者作成

（1）商流分析とは

　商流分析では、取引先や最終ユーザー、仕入先、協力企業など外部関係者から見た自社を取り巻く環境情報を収集し、事業に関係する政治、経済などの社

会動向を整理します。

　たとえば、長く取引を続けていく中で、今は利益率が悪いかもしれない取引先でも、将来いつ何時に大化けして事業を助けていただけるかもしれません。その逆もしかりで、今は良い商売をさせていただいている取引先が未来永劫良い取引先のままでいるかもわかりません。この判断は、一歩間違えると会社存続のリスクをはらんでいるということです。

　このような判断をするときに、少しでもリスクを軽減して周りの人も納得しやすい説明ができるのが、INASMAメソッドの「商流分析」です。

(2) 商流分析における取引先との関係性

　多くの中小企業においては、日々の顧客対応は営業担当者が行っていても、顧客との人脈作りや新規受注活動、問題発生時の対応などは社長が一手に引き受けてやられているケースが多いのではないでしょうか。

　後継者が、社内で長く営業をやっていればある程度はわかっていると思いますが、それでもどのような経緯でその取引先との取引が始まったかとか、その取引が会社にとってどのような位置づけになっているかなどについて改まって説明をされる機会は少ないと思います。

　顧客との関係性において、このような情報は見逃されやすいですが、今後の取引継続において重要な財産です。

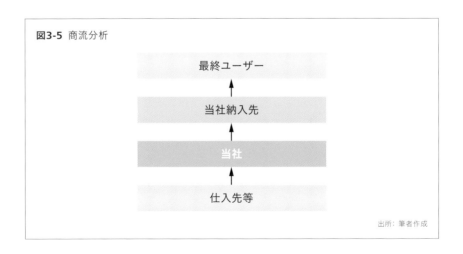

図3-5 商流分析

最終ユーザー

↑

当社納入先

↑

当社

↑

仕入先等

出所：筆者作成

仮に、社内で営業経験がない後継者にとっては、顧客との関係性を俯瞰して知るために大変便利なツールとなります。

　また、顧客との関係性は社長の頭の中にはあっても、改めて整理をして俯瞰する機会はなかなかないものです。社長は今までの豊富な経験に基づいて日々適切な判断を下されていますが、後継者がすぐにそのような判断ができるかは難しい場合が多いと思われます。事業承継を機会に今一度顧客との関係性を後継者と一緒に俯瞰して見直してみるのも会社の将来にとって非常に大切なことです。

　特に、長年お付き合いをしていただいている取引先との取引をこちらからやめることは実際には大変難しいことですが、後継者だからこそ先代とのしがらみを捨てて利益率の悪い取引先との取引をやめることができるのだと思います。

(3) 商流分析の特徴

　商流分析の特徴は、直接取引している取引先だけではなくその取引先が取引をしている取引先、またその先の最終ユーザーまで調べることにあります。このことにより、自社が納めている製品（商品）がどのような分野で使われているかを知ることができます。つまり、最終ユーザーが誰でどのように使われているかを知ることで、納入品の市場動向や売り上げ傾向などの将来予測が可能になるのです。

　たとえば、納入品が半導体製造装置の部品として使われていることがわかれば、半導体製造装置の今後の動向を調べ、将来売上が増えそうなのか減りそうなのかを予測することができます。米国、EUなどで経済リスクの軽減から、半導体の自国生産を増やす投資を積極的に行おうとしているのであれば、その分野で大きなシェアを持っている企業の製品に使われているかを知ることで、今後の売上拡大が望めるかを予測できます。このような場合には、今の売上はそれほど多くなくても将来増えていく可能性が大きいので、後継者と一緒に増産の体制や営業活動を検討しておくことによりビジネスチャンスをつかむことができます。

　ガソリンエンジンの部品として使われていて、納入している自動車メーカーが生産のEV（電気自動車）シフトを加速していることがわかれば、近い将来に、その部品の売上はなくなるであろうことがわかります。このような場合にはそ

の取引先への売上減少に備えて新しい取引先（顧客）の開拓や新たな部品の提案を準備しておく必要があります。後継者とこのような検討を早めにしておくことが、承継後の順調な発展につながります。

　商流分析のもう一つの特徴は、仕入先や連携企業も同時に確認しておくことです。仕入先や連携企業も長い付き合いの中で顧客からの急な増産要求があったときに、材料供給や加工請負などに柔軟に対応してもらえる企業は大切な財産です。

　また、仕入先から新規顧客を紹介してもらったり、同業他社の動向を教えてもらったりすることもあると思います。新しい材料の情報をいち早く教えてもらうこともあると思います。このような仕入先や連携企業との関係は、日頃の活動や会話の中ではなかなか伝えにくい情報ですが、後継者にとっては非常に大事な情報です。

　商流分析図を現社長と後継者が一緒に作成するプロセスの中で、このような情報を承継していくことができます。

　商流分析図の例を示します［**図3-6**］。

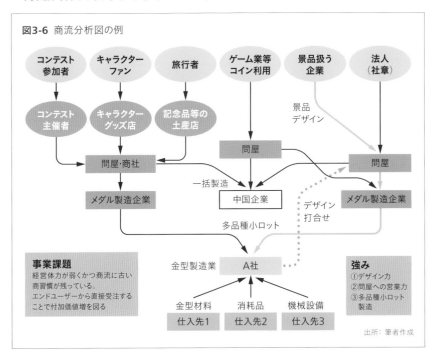

図3-6 商流分析図の例

なお、商流分析図の作成に関しては、第Ⅱ部にて解説していますので、参照してください。

3-1-3 「社員力診断」で強みの源泉がどこにあるかを見つける

商流分析では、お客様から評価されている当社の強みと弱みが明らかになりましたが、それが社内のどこに由来するものかはわかりませんでした。

競合企業の情報も、自社の強みがどこにあるのかを知るために大変重要な情報です。うちには競合企業はないという社長さんがときどきいらっしゃいますが、これは危険信号です。折を見て取引先になぜ当社を使っていただいているのか、他に同じような業者はいないのか、その競合企業とどこが違うから使っていただいているのかを伺っておいて、後継者と共有しておくことが大切です。

自分が思っている自社の強みと取引先が評価している強みは違うということはよくある話です。取引先が評価している強みを正しく理解して後継者に伝えておかないと、せっかくの強みを知らないうちに取引先を無くす恐れがあります。

INASMAメソッドの「社員力診断」では、その「強み」と「弱み」の源泉を明らかにするものです。たとえば、取引先との関係性が構築されていることは強みの一つになりますが、その関係がどのようにして築かれているのかまでは、まだ「見える化」されていません。

社員力診断では、経営課題を解決するための企業の潜在的な「強み」を抽出します。

(1)「社員力診断」とは

製造会社では、「社員の技術力」を強みとしてあげている企業が多いです。もちろん技術力が無ければ競争にもなりませんし、取引先からの注文も来ません。しかし自社の強みは、本当に技術なのでしょうか。

ときどき「うちの強みは技術だ。ものづくり補助金で最新のNCマシンを導入しているからね」という社長さんがいらっしゃいます。

でもちょっと待ってください。

それならば競合他社が同じNCマシンを導入すれば、強みではなくなってしまいませんか。本当の強みは自分で決めるのではなく、顧客が決めるもので

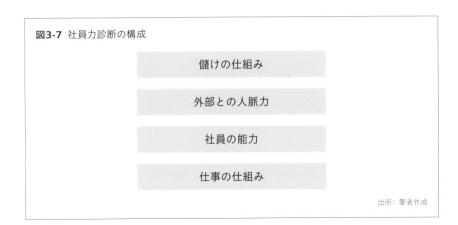

図3-7 社員力診断の構成

儲けの仕組み

外部との人脈力

社員の能力

仕事の仕組み

出所：筆者作成

す。これを機会に、取引先が自社の何が気に入って発注していただいているのかを聞き出してください。コストが安い、納期が早い、仕上が丁寧できれいだ、無理を頼んだときにすぐ対応してくれる、などいろいろと出てくると思います。

　このような強みは、単に最新NCマシンを導入しただけでは提供できません。実現には人の力が必要です。

　INASMAメソッドでは、このように強みの源泉は社員の力（社員力）にあるという前提に立って本当の強みを分析していきます。したがって強みは「技術」ではなく「社員の技術力」と表現します。

（2）社員力診断の構成

　INASMAメソッドでは、このような自社の強みの源泉となっている社員力を、「儲けの仕組み」「外部との人脈力」「社員の能力」「仕事の仕組み」の4つに分けて分析します。

（3）本当の強み

　「社員の技術力」は、「社員の能力」と「仕事の仕組み」の合わせ技の可能性があります。たとえば、社内技能を伝承する研修会などでベテランの職人技を若手に伝承したり、ベテラン職人の加工ノウハウをプログラム化したりして高い技術力を保持する仕組みなどが考えられます。

該当する自社の社員の活動を分析することにより、本当の「強み」が何かが浮かび上がってきます。

中小企業では、「経営体制」を弱みとしてあげている企業が多いようです。社員力診断の「儲けの仕組み」をチェックすることで、「経営体制」の何が欠けていたのかが具体的に理解でき、弱みの対策をするには何をしなければいけないかが明確に示されます。

多くの企業では、「経営体制」の建て直しとして、経営理念の見直しと社内への徹底を行って成功しています。経営理念は、社外に対して発信するためだけではなく、社内に向かって社長の思いを発信することにより、会社が社会で存在する意義や社員に対する心遣いを社員が共有することにより、仕事のやり甲斐を感じてもらうものです。

社員がやり甲斐を感じてくれれば、弱みと考えられる「社員のやる気」も自ずと解決します。

また、後継者のなり手がいない場合でも、社長が会社創設時の思いなどを経営理念としてきちんと見える形にできれば、想定する後継候補は会社を存続させる意義を理解して後継者として手をあげてくれるものです。

(4) 社員力診断の指標

社員力診断は、前に説明したように「儲けの仕組み」「外部との人脈力」「社員の能力」「仕事の仕組み」の視点ごとに5段階で評価します。

社員力診断の各指標は次ページのとおりです。

なお、社員力診断の評価に関しては、第Ⅱ部にて説明していますので、参照してください。

3-1-4 商流分析と社員力診断の関係

(1) 商流分析と社員力診断の関係

INASMAメソッドでは、商流分析で仕入先から最終ユーザーまでのサプライチェーンを分析することで、顧客から見た自社の強み・弱みを明らかにし、その強みと弱みの源泉が社内のどこにあるのかを社員力診断であぶり出します。

図3-8 社員力診断指標のチャート

企業名：　　　　　　　　　　　　　記入日：　年　月　日　作成者：

社員の活動		レベル1	レベル2	レベル3	レベル4	レベル5	補足説明
儲けの仕組み	①経営理念	□社長の頭の中	□社員周知努力	□社長から説明	□具体的展開	□外部から評価	
	②経営戦略	□社長の頭の中	□社内に提示	□社長から説明	□半期PDCA	□実績に反映	
	③経営管理	□年1回損益把握	□税理士任せ	□月次損益管理	□月次PDCA	□改善数値管理	
	④信用・信頼度	□売りが不明	□発信弱い	□客先へ訴求	□客先から評価	□新規受注効果	
外部との人脈力	①営業活動の範囲	□1分野3社未満	□1分野5社未満	□1分野5社以上	□3分野3社以上	□3分野5社以上	
	②お客様との関係構築	□情報入手せず	□情報入手あり	□ニーズ入手	□ニーズ活用	□ウォンツ提供	
	③協力企業との関係構築	□外注関係	□問題解決連携	□改善活動あり	□補完関係構築	□改善効果あり	
	④仕入先との関係構築	□購入関係のみ	□問題解決連携	□事業情報交換	□情報活用	□共同開発契約	
社員の能力	①外部情報収集・活用力	□情報収集なし	□質的交叉程度	□計画的に収集	□外部情報活用	□効果あり	
	②お客様対応力	□担当者のみ	□一部対応可	□代理対応可	□十分代理対応	□仕組みあり	
	③ノウハウ創造・活用力	□蓄積情報なし	□蓄積情報保管	□過去情報活用	□ノウハウ管理	□ノウハウ改	
	④社内取りまとめ力	□相談相手不在	□相談は年数回	□上司から問う	□気軽に相談	□一致団結力高	
仕事の仕組み	①各種管理システム構築	□個人任せ	□部分的ルール	□全社的ルール	□効果を説明可	□お客様が評価	
	②人材育成の仕組み	□不明確	□必要に応じて	□スキルマップ	□育成PDCA	□育成効果あり	
	③利益創出・費用削減活動	□個人任せ	□改善提案数件	□提案制度あり	□改善発表会	□改善効果大	
	④業務改善の仕組み	□なし	□あり	□一部IT化	□経営力向上	□ITで経営推進	

出所：筆者作成

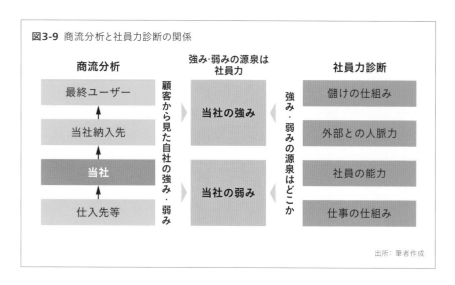

図3-9 商流分析と社員力診断の関係

商流分析　　　　強み・弱みの源泉は　　社員力診断
　　　　　　　　　　社員力

最終ユーザー　　　　　　　　　　　　　儲けの仕組み

当社納入先　　　　　当社の強み　　　　外部との人脈力

当社　　　　　　　　　　　　　　　　　社員の能力

仕入先等　　　　　　当社の弱み　　　　仕事の仕組み

顧客から見た自社の強み・弱み

強み・弱みの源泉はどこか

出所：筆者作成

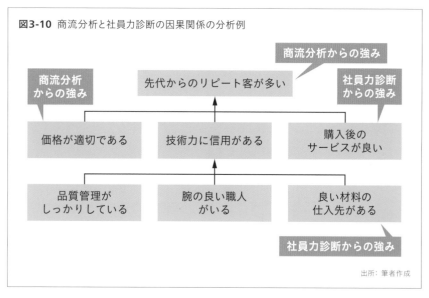

図3-10 商流分析と社員力診断の因果関係の分析例

商流分析からの強み

先代からのリピート客が多い

商流分析からの強み

社員力診断からの強み

価格が適切である　　技術力に信用がある　　購入後のサービスが良い

品質管理がしっかりしている　　腕の良い職人がいる　　良い材料の仕入先がある

社員力診断からの強み

出所：筆者作成

（2）商流分析の強みと社員力診断の強みとの因果関係

　「商流分析」ではお客様や取引先、協力会社、仕入先が評価する当社の強みを明らかにしました。また、「社員力診断」はその強みが社内のどこから来ているのかを明らかにしました。そこで商流分析から得られた強みと、社員力診断

から得られた強みの因果関係を整理します。

　お客様の評価の元となっている当社の知的資産の中から、今後、経営課題を解決し、収益につなげるために活用できる強みが何であるかを検討します。

3-1-5　強みを生かした経営課題解決方針の決定

　商流分析では、お客様や取引先、協力会社、仕入先が当社をどのように評価しているかを確認することで、当社の強みと事業課題が明らかになりました。また、社員力診断では、これらの当社の強みの源泉と経営課題が確認されました。これらの結果を基にして将来の事業性を判断し、強みを生かした経営課題の解決方針を決定して「見える化」します。

　どのような知的資産（強み）を活用すれば、経営課題が解決できるのかを議論して方針を定めます。事業承継では、後継者が対応する必要のある経営環境の変化に対して、後継者に引き継ぐべき当社の強みと、後継者が解決しなければならない経営課題の解決方針を決定し、事業をどのように承継していくかを考えます。

　同時に事業承継後の「あるべき姿」としての商流分析と社員力診断を作成し、後継者が目指す目標とします。

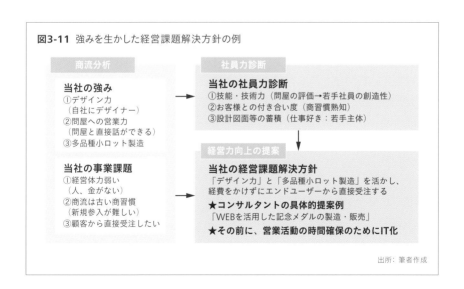

図3-11　強みを生かした経営課題解決方針の例

商流分析

当社の強み
①デザイン力
　（自社にデザイナー）
②問屋への営業力
　（問屋と直接話ができる）
③多品種小ロット製造

当社の事業課題
①経営体力弱い
　（人、金がない）
②商流は古い商習慣
　（新規参入が難しい）
③顧客から直接受注したい

社員力診断

当社の社員力診断
①技能・技術力（問屋の評価→若手社員の創造性）
②お客様との付き合い度（商習慣熟知）
③設計図面等の蓄積（仕事好き：若手主体）

経営力向上の提案

当社の経営課題解決方針
「デザイン力」と「多品種小ロット製造」を活かし、経費をかけずにエンドユーザーから直接受注する
★コンサルタントの具体的提案例
「WEBを活用した記念メダルの製造・販売」
★その前に、営業活動の時間確保のためにIT化

出所：筆者作成

図3-12 株式会社XYZ工業の企業概要

会社名	株式会社XYZ工業
事業所	X県Z市
業種	機械器具設置工事業
事業内容	総合建設業・環境整備・産業機械設備（工業用ボイラー等）・一般設備工事・各種製缶設計製作（プラント機器）・省エネ塗料施工
資本金	500万円
社員数	7名
設立年	昭和47年10月（業歴：50年）
直近3期売上	2021年度：117百万円、2020年度：151百万円、2019年度：133百万円

出所：筆者作成

3-2 INASMAメソッドの活用例

　この節では、今までご説明してきたINASMAメソッドを実際の企業である株式会社XYZ工業の「知的資産」の分析に活用した事例をご紹介します。**図3-12**に株式会社XYZ工業の企業概要を示します。

　日本政策金融公庫の調査によれば、製缶業の業界黒字企業の売上高営業利益率平均が5%であるのに対し、当社の直近3期の売上高営業利益率は、漸減傾向にあるとは言うものの平均16%程度と非常に高い高収益企業です。当社が高収益企業である理由について、取引関係を俯瞰する「商流分析図」を用いて分析しました。株式会社XYZ工業の商流分析図を**図3-14**に示します。

　当社の主要顧客は、X県内に工場を持つ医薬品メーカー、食品メーカー、化学工業品メーカーを最終顧客に持つP社、Q社、R社です。最終顧客は、使用する中間材料を近隣の県内企業から安定的に、或いは、短納期で調達したいニーズがあります。

　したがって、P社、Q社、R社は、熱源のボイラーを含む工場の設備プラントの安定稼働が必要不可欠です。3社の近隣にあって設備設計、取りまとめができ、顧客が設備を如何に安全にかつ有効に使用できるようにするか提案できる、さらには、顧客が困ったときにすぐ対応できる知識とノウハウを持ちボイラーの法定検査にも対応できる当社は、3社にとってなくてはならない存在と

図3-13 （株）XYZ工業の社員力診断チャート

企業名:（株）XYZ工業　　記入日:2021年4月1日　作成者:イナスマ　タロウ

	社員の活動	レベル1	レベル2	レベル3	レベル4	レベル5	補足説明
儲けの仕組み	①経営理念	■社長の頭の中	□社員周知努力	□社長から説明	□具体的展開	□外部から評価	これといった経営理念はないが顧客の困り事に迅速対応を心掛けている
	②経営戦略	■社長の頭の中	□社内に提示	□社長から説明	□半期PDCA	□実績に反映	長年の顧客との関係維持に手いっぱいで売上拡大の戦略や余力はない
	③経営管理	□年1回損益把握	□税理士任せ	■月次損益管理	□月次PDCA	□改善数値管理	専務が月次管理している
	④信用・信頼度	□売りが不明	□発信弱い	□客先へ訴求	■客先から評価	■新規受注効果	長年の顧客から設備更新や新設の際、声が掛かる
外部との人脈力	①営業活動の範囲	□1分野3社未満	□1分野3社未満	□1分野5社以上	■3分野3社以上	□3分野5社以上	医薬品、食品・飲料、化学工業品等分野の顧客がある
	②お客様との関係構築	□情報入手せず	□情報入手あり	□ニーズ入手	■ニーズ活用	□ワンソース提供	設備保全や定点検の際に社長の更新需要や新設診断需要をプリントして受注に結びつけている
	③協力企業との関係構築	□外注関係	□問題解決連携	□改善活動あり	□補完関係構築	□改善効果あり	G社と代理店契約。ボイラー調達先で営業情報を交換している
	④仕入先との関係構築	□購入関係のみ	□問題解決連携	■事業情報交換	■補完関係構築	□共同開発契約	ボイラー調達先のG社、K社とは営業情報を交換している
社員の能力	①外部情報収集・活用力	■情報収集なし	□質問交換程度	□計画的に収集	□外部情報活用	□仕組みあり	従業員が客先で顧客の更新需要や新設診断需要をヒアリングすることはない
	②お客様対応力	■担当者のみ	□一部対応可	□代理対応可	□十分代理対応	□仕組みあり	顧客の問い合わせに対応できるのは社長のみ
	③ノウハウ創造・活用力	□蓄積情報なし	□蓄積情報保管	□過去情報活用	□ノウハウ管理	□ノウハウが核	過去の設計データを活用している
	④社内取りまとめ力	□相談相手不在	□相談は年数回	□上司に相談	□気軽に相談	□一致団結力高	社長以外に社内取りまとめる者がいない
仕事の仕組み	①各種管理システム構築	□個人任せ	□部分的ルール	□全社的ルール	□効果を説明可	□お客様が評価	
	②人材育成の仕組み	□不明確	□必要に応じて	□スキルマップ	□育成PDCA	□育成効果あり	資格保有者は社長と専務のみで従業員の資格取得を進める意識が希薄
	③利益創出・費用削減活動	■個人任せ	□改善提案数件	□提案制度あり	□改善発表会	□改善効果大	過去に改善提案に取り組んだこともあったが定着せず今は何もしていない
	④業務改善仕組み	■なし	□あり	□一部IT化	□経営向上IT	□IT経営推進	設計業務にCADシステム使用しているのみで業務改善にITを活用してはいない

図3-14 （株）XYZ工業 商流分析図

A社
売上：7,500億円 @2021.3
営業利益：1,400億円 @2022.3
3期連続増収：増益

顧客名	A社
納入品	医療品
ニーズ	県内から高品質な医療品原料の安定供給

B社
売上：300億円 @2020.6
営業利益：1.8億円
3期ほぼ横ばい
2021年2月C社と統合

最終顧客	B社
納入品	健康食品 食品添加物
ニーズ	県内から高品質な医療品原料の安定供給

新型コロナウイルスの影響
・時短食品の売上好調
・業務用は厳しい
・家庭用飲料需要増加
・オフィス用需要減

最終顧客	大手食品メーカー 小売り・業務店
納入品	果汁・搾汁
ニーズ	鮮度の高い果汁・搾汁の安定供給

顧客名	D社
納入品	製缶&メンテナンス
ニーズ	設備設計・取りまとめ 提案力・困り事対応力

顧客名	E社
納入品	製缶&メンテナンス
ニーズ	設備設計・取りまとめ 提案力・困り事対応力

70%（令和2年）　　　　　**10%（令和2年）**

■ 競合他社
F社
〈ボイラーメーカー営業所〉
・近年、他県からの参入あり
・価格面に強み

【強み】
・設備設計、取りまとめができる
・顧客が設備をいかに安全にかつ有効に使用できるようにするか提案できる
・顧客が困ったときにすぐ対応できる
【知識、ノウハウ】
・ボイラーを新設した顧客から法定検査のため継続的に設備保全の依頼がある

（株）XYZ工業

【業務内容】①ボイラー設置及びメンテナンス
②製缶（タンク鋼鉱造製造）業務及びメンテナンス
③省エネ塗料施工

資格	社長	専務	社員A	社員B	社員C	社員D
二級建築施工管理技士	○	○				
二級管工成功管理技士	○					
二級土木施工管理技士	○					
ボイラー整備士	○					
●●			○	○		

【業務フロー】
①ボイラー　顧客打合せ→設置設計→ボイラー発注→設置→設備→諸官庁届け出→検査→引き渡し
②製缶　　　顧客打合せ→設計→タンク製造→設置→配管工事→検査→引き渡し

G社
中小型ボイラー X県、Y県で代理店契約

K社
ボイラー 大型ボイラーの調達

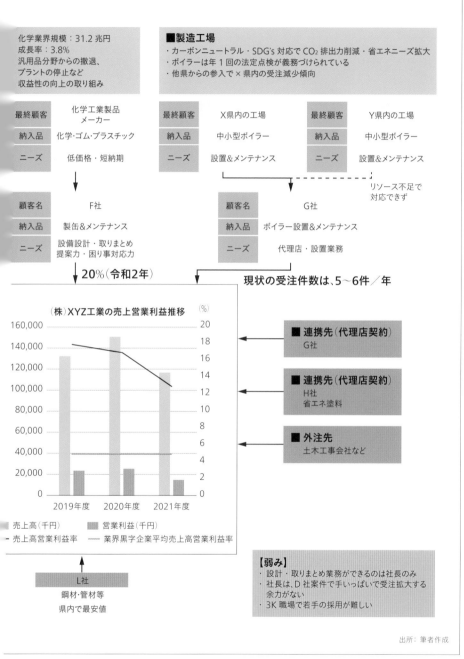

化学業界規模：31.2兆円
成長率：3.8%
汎用品分野からの撤退、
プラントの停止など
収益性の向上の取り組み

■製造工場
・カーボンニュートラル・SDG's 対応で CO_2 排出力削減・省エネニーズ拡大
・ボイラーは年1回の法定点検が義務づけられている
・他県からの参入で×県内の受注減少傾向

最終顧客	化学工業製品メーカー
納入品	化学・ゴム・プラスチック
ニーズ	低価格・短納期

最終顧客	X県内の工場
納入品	中小型ボイラー
ニーズ	設置&メンテナンス

最終顧客	Y県内の工場
納入品	中小型ボイラー
ニーズ	設置&メンテナンス

リソース不足で
対応できず

顧客名	F社
納入品	製缶&メンテナンス
ニーズ	設備設計・取りまとめ 提案力・困り事対応力

顧客名	G社
納入品	ボイラー設置&メンテナンス
ニーズ	代理店・設置業務

20%（令和2年）

現状の受注件数は、5～6件／年

（株）XYZ工業の売上営業利益推移 (%)

160,000 — 20
140,000 — 18
120,000 — 16
100,000 — 14
80,000 — 12
60,000 — 10
40,000 — 8
20,000 — 6
0 — 4
— 2
— 0

2019年度　2020年度　2021年度

■ 売上高（千円）　■ 営業利益（千円）
ー 売上高営業利益率　ーー 業界黒字企業平均売上高営業利益率

■ 連携先（代理店契約）
G社

■ 連携先（代理店契約）
H社
省エネ塗料

■ 外注先
土木工事会社など

L社
鋼材・管材等
県内で最安値

【弱み】
・設計・取りまとめ業務ができるのは社長のみ
・社長は、D社案件で手いっぱいで受注拡大する
　余力がない
・3K職場で若手の採用が難しい

出所：筆者作成

なっていることがうかがえます。

　また、ボイラーメーカーG社の代理店としてX県内及びY県内の顧客向けにG社ボイラーの設置とメンテナンスを請け負っていますが、社長が売上の70%を占めるP社の案件に手いっぱいで、Y県のボイラー設置案件に対応できず商機を逃しています。

　次に当社が高収益企業である理由を「社員力診断」を用いて分析しました。

　「社員力診断」の分析結果を図3-13と図3-15に示します。

　当社は商流分析図［図3-14］から、3分野3社以上の顧客を持ち、設備設計・取りまとめ提案力・困り事対応力に対しこれらの顧客から高い信用・信頼度を得ていることが、高収益企業である理由だと考えられます。

　また、設備保全や法定点検を営業機会として新たな受注に結びつけていることも長年、主要顧客と取引を継続できている理由であると思われます。

　一方、これらの強みの源泉は、社長個人の技術力、経験・ノウハウ、営業力であり、社内には社長に代わる設計者や取りまとめ者がいません。従業員に営業マインドはなく、また、社長も従業員の資格取得を勧めるなど人材育成の意識に乏しい状況です。総じて、社員の能力を高め仕事の仕組みを改善して組織として仕事をしようとの意識に乏しいワンマンチームとなっています。

　社長は、65歳とそろそろ事業承継を考える年齢です。現在、他企業に勤務しているご子息に事業承継することを考えているようですが、当社の強みが社長個人に帰属している現状では、仮にご子息が事業承継をしても会社がうまく回っていかないことが大いに懸念されます。

図3-15　（株）XYZ工業の社員力分析結果

儲けの仕組みと外部との人脈力

- ①経営理念
- ②経営戦略
- ③経営管理
- ④信用・信頼度
- ④仕入先との関係構築
- ③協力会社との関係構築
- ②お客様との関係
- ①営業活動の範囲

【儲けの仕組みファクトチェック】
①経営理念：これといった経営理念はないが社長は顧客の困り事に迅速に対応することを心掛けている。
②経営戦略：長年の顧客との関係維持に手いっぱいで売上拡大の戦略や余力はない。
④信用・信頼度：長年の顧客から設備更新や新設の際、声がかかる。

【外部との人脈力ファクトチェック】
①営業活動の範囲：医薬品、食品・飲料、化学工業品等分野の顧客がある。
②お客様との関係：社長は設備保全や法定点検の際に更新需要や新設需要をヒアリングして受注に結びつけている。
③協力会社との関係構築：G社と代理店契約。ボイラー調達先でかつ設置業務受託先の関係。

【強み】
1）当社の設備設計・取りまとめ提案力・困り事対応力に対し顧客の信用・信頼度がある。
2）3分野3社以上の顧客を持っている。
3）設備保全や法定点検を営業機会として受注に結びつけている。
4）ボイラーメーカーのG社と代理店契約し協力関係にある。

社員の能力と仕事の仕組み

- ①外部情報収集
- ②お客様対応力
- ③ノウハウ創造…
- ④社内取りまとめ力
- ①各種管理システ…
- ②人材育成の仕組み
- ③利益創出・費用…
- ④業務改善の仕組み

【社員の能力ファクトチェック】
①外部情報収集・活用力：従業員が客先で更新需要や新設需要をヒアリングすることはない。
②お客様対応力：顧客の問い合わせに対応できるのは社長のみ。
④社内取りまとめ力：社長以外に社内取りまとめ者がいない。

【仕事の仕組みファクトチェック】
②人材育成の仕組み：設計人材は社長のみ。資格保有者は社長と専務のみで従業員の資格取得を勧める意識が希薄である。

【弱み】
1）従業員に営業マインドがない。
2）顧客の問い合わせに対応できるのは社長一人だけ。
3）社長以外に社内取りまとめ者がいない。
4）設計人材は社長のみ。資格保有者は社長と専務のみで従業員に資格取得を勧めるなど人材育成の仕組みがない。

出所：筆者作成

第 4 章

実際に事業承継した人、
これから行う人の事例

この章では、事業承継に係る事例を紹介します。

なお、これらの事例は、「事業を承継した経営者」、「事業を売却した元経営者」、「事業を購入した経営者」などのインタビューをもとに、作成した事例です。

また、INASMAメソッドの使い方として、「社長が事業承継を考えたとき」、「承継した新社長が今後の経営を考えるとき」や「M&Aを考えたとき」に分けて説明します。

インタビューに応じていただいた方たちの属性は次のとおりです。

❶ 承継の類型

- 親族内承継　　　　　　　　7 人
- 内部昇格（役員・事業承継）　4 人
- 社外への引継ぎ（M&A）　　3 人

❷ インタビューの対象者の男女比

- 男性　　11 人
- 女性　　3 人

❸ 承継期間

　インタビュー企業の承継までの社内経験の期間は、次のとおりです。なお、企業を売却したケースは、売却までの期間としました。

　また、今後承継予定者は現在までの社内経験で集計しました。

❹ 業界別

- 貸しおしぼり業（FSX株式会社）

図4-1 承継までの期間

承継までの期間	該当回者数
1年未満	3社
1年～10年未満	1社
10年～30年未満	6社
30年以上	4社※

※承継予定の1社は既に30年以上の社歴があるのでこの欄に加入

- 業務用放送設備業（関西通信工業株式会社）
- 精密部品機械加工業（株式会社レーザー技研工業）
- 半導体製造装置関連業（東山電子株式会社）
- 光学ガラス加工業（三郷光学株式会社）
- 非住宅向け建材・設備機器製造業（横上金属加工株式会社）
- 基礎化粧品製造業（株式会社千田コスメ）
- 電気計測器製造業（中林計測器株式会社）
- 試験機製造業（株式会社KASER）
- 計量・計測機器製造業（瑞穂光学工業株式会社）
- IT人材派遣業（レインボーネット株式会社）
- 建築材料の卸・小売業（株式会社丸角商事）
- 工業用プラスチック製品製造業（藤沢技研工業株式会社）
- 電気工事業（飯山電気設備株式会社）

上記会社名は、FSX株式会社を除いてすべて仮名です。

4-1 事例

4-1-1 親族内承継

（1）業界革新を目指す2代目社長　FSX株式会社

①FSX株式会社が属する「貸しおしぼり業」の特徴や動向

　FSX株式会社（以下「FSX社」）は、貸しおしぼり事業者です。貸しおしぼり業とは、飲食店などの顧客に対して、きれいに洗濯・消毒し包装されたおしぼりを貸し出し、回収したおしぼりを再度洗濯・消毒・包装して貸し出すことを繰

り返すことで利益を得る事業です。おしぼりは、一般的に綿タオルおしぼりや不織布の紙おしぼり(使い捨て)の素材でできています。

また、貸しおしぼりには、消毒に関して衛生面で非常に厳しい厚生労働省の基準が設けられています。

貸しおしぼり事業は、洗浄業務などに多額の設備投資が必要な産業であり、人件費や設備の減価償却費など固定費が大きく、規模の経済が効いてくる事業です。

しかし、平成28年経済センサス活動調査によれば、従業員数が20名以下の小規模の企業が多い業界です(おしぼりレンタル業のモデル利益計画https://ss-net.com/succession/files/rieki1910s.pdf)。

また、今までは、手軽さから紙製・不織布の使い捨ておしぼりを使用する店が多くありましたが、最近では、環境の観点から使い捨ておしぼりの使用を控え、リサイクル可能な布製のおしぼりを取り入れる飲食店が増えてきています。

②承継ストーリー

「見返してやる」。FSX社の2代目社長となる藤波克之に反骨精神が芽生えた。克之が承継したFSX社は、先代社長である父親が1960年代後半に創業した50年を超える貸しおしぼり業の企業である。

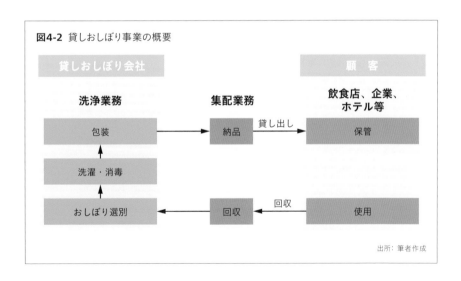

図4-2 貸しおしぼり事業の概要

出所:筆者作成

創業社長の藤波璋光は、高校卒業後中小企業のエンジニアとして働いていたが、「自分で創業できるものは何か」と自立することを考えていた。璋光は、親戚が営んでいたクリーニング店を手伝いながら、顧客との契約により安定的な収益を確保できる「貸しおしぼり業」での創業を思いつき、港区高輪白金で貸しおしぼり業をたった一人で始めた。その後、営業拡大が期待できる多摩地域（国立市）に本社を移転し、「株式会社藤波タオルサービス」を創業した。

　そして、地域のおしぼり同業者と協力しながら業界を盛り上げてきた。また、事業の拡大に伴い自社工場を持ち、この地域の貸しおしぼり業のリーダーになった。

　璋光には貸しおしぼり業を選択し、成長余地のある多摩地域を選択するなど、先見の明があった。また、社員の能力を重視したアットホームな雰囲気を持つ社風、まじめに仕事する社員を擁する良い会社を作り上げたが、世間的にはいわゆる3Kの職場であり、社員の離職率も高い。

藤波克之の承継前の藤波タオルサービスの現状

・貸しおしぼり業　→ 3Kの職場

・多摩地域に本社と自社工場

・アットホームな社風

・社員の離職率が高い　→ 3Kの職場

　璋光は、事業の承継に関して日頃から世襲制は良くないと言及しており、長男である克之に対しても「当社を継いでほしい」と発言することはなかった。

　克之は、子どもの頃は内気な性格で病気がちであったが、中学から本格的にクラブ活動をすることで体力がついた。大学卒業後、日本を代表する通信キャリアに就職し、営業マンとしてトップクラスの営業成績を残すなど充実した日々を過ごしていた。

　通信キャリアに就職して数年後に、父親である璋光が病気を患うようになった。父親のお見舞いに行っていた頃、母親が病院で「将来どうするのか？」と聞いた。克之は、家業を継いで社長に就任することは考えていなかったため、母親の気持ちを考えると即答できずにいた。

　克之は、母親の気持ちを汲んで会社を承継するべきか悩んだが、信頼してい

る方から、「父親がまだ元気なうちに承継すべきだ」と背中を押された。その後母親を安心させるためにも「家業を継ぐ」と返答した。

　克之が、通信キャリアの会社を退職する際、同僚や先輩が送別会を開いてくれた。その際、「今さら3Kの貸しおしぼり会社で働いても、今まで培ってきたキャリアが無駄になるだけだよ」、また入社後に参加した異業種交流会での名刺交換時でも、貸しおしぼり業界に対するネガティブな評価をたびたび受けた。この悔しい思いは「見返してやる」、「この業界を変革していく」という強い原動力になっている。

藤波克之の反骨精神の芽生え

・貸しおしぼり業→　ネガティブな評価
・大手企業退職時→　今までのキャリアが無駄に

この業界を変革して「見返してやる」

　克之の藤波タオルサービスへの入社は、創業40年弱を経過した頃である。入社早々責任部署を持つ役職を与えられたが、会社の事業内容を把握するため、現場で社員とともに働き汗を流した。経営者となる決意はしたが、まだ不安の方が大きく、自信を持つために「誠実」で「勤勉」であること、「書籍を読む」ことを自分に課した。

　克之は、売上高10億円に満たない藤波タオルサービスに入社してから、約10年後に2代目社長に就任したが、この間父からの帝王学は一切なかった。前職の会社では現場主義が徹底されていたので、克之は入社以来現場主義を心がけている。

　父親である璋光から貸しおしぼり業界の人や取引先などとの紹介を受けたが、克之は人からの紹介では公私に役立つ人脈を築くことはできないと考えていた。そこで、克之は自ら積極的に異業種交流会、海外視察や研究会に参加して、自らの人脈を構築していった。

　前職の先輩から紹介された大学の先生は、克之に会社の「ビジョン」を作成すべきであると助言した。そこで、克之は会社の「将来のあるべき姿」を考

え、「新しいおもてなしの感動を創造し、世界中に笑顔を届ける」という新しいビジョンを作成した。

　また、組織体制や人事評価制度などの組織の仕組みを引き継がず、会社の経営・運営体制を見直し、自ら一新した。特に、新しいことを実施する場合、各部署から社員を集めて「プロジェクト体制」で実施している。この「プロジェクト体制」によって社内のコミュニケーションが促され、各分野の知見を集めることで商品開発を円滑に進める効果がある。

　これらの改革には、克之の前職時代の経験（考え方、ノウハウなど）を大いに活かすことができた。たとえば、前職の営業では様々な業種の企業や老若男女の顧客と会うことができた。この経験から、克之は入社後も様々な顧客の考え方を傾聴し理解するよう努めている。また、社員にも、単なる顧客へ商品を納品するだけの「仕事」（作業）ではなく、顧客の要望を聞き取って提案営業をするように「仕事」の質を向上させるような指導をしている。これは、従来のおしぼりの配送作業から何を提案すれば顧客のためになるかを自分で考えることになり、FSX社の営業スタイルを改革することになった。

　さらに、克之は、前職の会社のビジネスモデルを自社のおしぼりの配送事業に置き換えて、自社のビジネスモデルを再構築した。つまり、通信キャリア会社では情報を集約・中継する機能が自社の工場にあたり、情報を送信する機能がおしぼりの配送に当たるのではと考えた。そこで、「ターゲットとなる顧客（配送先）は？」と考えた。当時の貸しおしぼり業の顧客は主に飲食店であった。なぜ、顧客が飲食店だけか疑問に思ったので、対象となる顧客の見直しをすることにした。この顧客の見直しで、会社などの法人向け、車ディーラー、ホテルなどの宿泊向けなどに拡大することに成功する。このように顧客の見直しをすることで新たな顧客を開拓することができた。これは前職時代の経験が現職でも大いに役立っていることを物語っている。

　克之は、異業種の経営者と親交を深める中で、「技術力があればリスク分散やイノベーションを起こす原動力となり、新規ビジネスを生み出していくことができる」ことを知る。貸しおしぼり業は、あまり「技術」を意識する業界ではなかったので、克之にとってこれは衝撃的なものであった。克之は、"成熟産業"である貸しおしぼり業界に"技術でイノベーション"を起こして、貸しおしぼり業界のイメージを変革していくことを誓った。

技術で
"イノベーション"を
起こすぞ

克之は、貸しおしぼり業界では意識されていない特許権の取得にも積極的に力を入れている。たとえば、おしぼりの衛生面の観点から、抗ウイルス・抗菌技術を磨き、数々の特許権を取得した。

これら取得した特許権は、「この業界を変革していく」ためにも、同業にもライセンスすることにした。この取り組みは競合会社も自社の顧客にすることになり、新たなパートナービジネスを生み出すことになった。また、EC（Electronic Commerce）ビジネスでは、貸しおしぼり業に必要な物品をワンストップで提供している。そのために、新たな商品の仕入れなどの取引先や商品の物流、ITの活用などビジネスの仕組みを構築した。これにより、同業以外の顧客にも取引が拡大している。このように、技術を磨くことで、新分野（製品）を開拓することができた。

また、克之は、「ブランディングは価格競争に陥らない最高のマーケティングツール」との認識のもと、広報部門を強化して自社のブランディングにも力を入れ、2016年に社名を変更することにした。「Fujinami（藤波）のService（サービス）をあらゆるものと掛け合わせ（X）・新しい可能性をX（無限）にeXPRESS（展開する）」という意味から、社名を「FSX株式会社」に変更した。

この社名変更により、貸しおしぼり業の"3Kの職場"というイメージを払拭し、社員の確保に貢献したいと思っている。

社名の変更

株式会社藤波タオルサービス

↓

FSX株式会社（Fujinami Servicee Xpress）

克之の技術やブランド（知的資産）を重視し活用する経営は、貸しおしぼり業界の"3Kの職場"から"技術を活用する先端的な業界"へとイメージを変革しつつある。克之は、まだまだ「"技術でイノベーション"を起こし貸しおしぼり業界

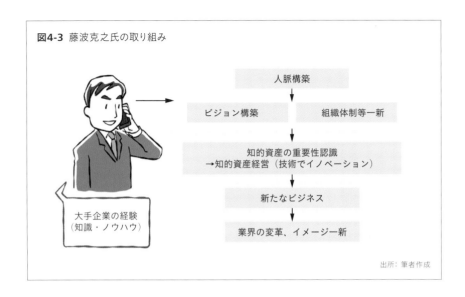

図4-3 藤波克之氏の取り組み

人脈構築

ビジョン構築　　　組織体制等一新

知的資産の重要性認識
→知的資産経営（技術でイノベーション）

新たなビジネス

業界の変革、イメージ一新

大手企業の経験
（知識・ノウハウ）

出所：筆者作成

のイメージを変革する」という目標の発展途上であると強く思っているが、「少しは見返すことができたのかな」との実感もある。

　克之の知的資産を経営に取り込むチャレンジは、創業から根付いている「何でもやってみる企業文化」（経営理念）によるものである。このチャレンジ精神は、社員にも根付いた企業文化であって社員の積極的な提案に結実している。克之もこの企業文化を積極的に取り入れ、社員の提案した施策などを採用することで、社員のモチベーションアップやFSX社の新たな活力を生み出している。

　FSX社は、克之が会社承継してから売り上げ規模が2.5倍になった。

③事業承継時の状況

　2代目社長の藤波克之が事業承継したときの会社の状況は次のとおりです。

承継内容	・「何でもやってみる」精神の社風（企業文化）がある。 ・貸しおしぼり業界の人、取引先の人脈を紹介された。
強み	・優良顧客を持っている。 ・アットホームな職場環境でチームワークが良い。 ・まじめな性格の社員がいる。 ・何事にもチャレンジする社風（企業文化）がある。 ・貸しおしぼり業の分野では、知名度がある。
弱み	・社員の離職率が高い。 ・3Kの職場として、社会の認知度・評価が低い。 ・組織体制が古い。 ・会社のビジョンがない（目指している将来像が不明瞭）。
問題	・職場が3Kで社員の離職率が高い。 ・貸しおしぼり業の社会の認知度・評価が低い。

（2）大手商社での勤務経験を活かし企業改革に取り組む2代目社長

関西通信工業株式会社（仮名）

①関西通信工業株式会社が属する業務用放送設備業界の特徴や動向

　業務用放送設備の主な用途は、自治体向けの防災無線システム、商業施設や公共施設などの館内放送設備、鉄道車輌や鉄道駅構内向け放送設備などです。

　国土交通省の調べによれば、建設バブル期の新築施設に納入した機器やシステムのリニューアル需要はあるものの新設事務所及び店舗の床面積は2000年以来長期低落傾向にあり同分野向けの需要拡大はあまり期待できません。

　また、一般財団法人運輸総合研究所の調査によれば、大手民鉄16社の設備投資実績は2007年の4152億円に対し2016年には3958億円と9年で約5%減少するなど、総じて業務用放送設備業界は、中々成長の見込めない業界です。一方、防災無線システムや鉄道向け放送設備は、人命にも関わるため、万が一の故障も許されない設備で高い信頼性と耐久性が求められます。

　したがって、一度採用されると継続的に採用されやすい設備でもあります。実際、JRと民鉄各社は地方ごとに採用メーカーがほぼ固定しているものと思われます。また、自治体向け防災無線システムは、入札制による売り上げの波はあるものの、これもまた、ほぼ棲み分けがなされています。このように流動性の乏しい業界にあって今後、成長するためには、たとえば、防災無線が聞き取りにくく、IT機器も使えない高齢者対応の課題を解決する「システム」や「ソリューション」を提案するなど、ユーザーの満足度をより高いレベルで実現する企業への変革が求められます。

② 承継ストーリー

「親父がゼロから築いた会社で勝負してみよう」三井一雄（仮名）は、決意を胸にニューヨーク発成田行きの飛行機に搭乗した。17年前のことである。当時、一雄は、大手商社の現地法人社長として赴任して4年が経過していた。大学、大学院で遺伝子工学の研究に打ち込んだ一雄であったが、海外ビジネスにあこがれて製薬メーカーではなく世界規模でアグリビジネスを展開している大手商社に就職した。念願通り26歳で初めてロンドンに駐在して以来、4度、都合12年間海外に駐在している。大手商社の看板を背負っての仕事はやりがいがあった。

しかし、駐在を重ねるごとに「私の仕事が成功しているのは本当の自分の実力によるものなのか、それとも会社のブランド力のお蔭なのか？」という疑問が湧いてきた。子どもを海外で教育し続けることへの懸念もある。そんな折、「父親が大病を患い入院した」との知らせが届いた。会社は次期後継者がいない危機的状況にあるという。一雄は、父親から「俺の後を継げ」と言われたことは一度もなかったが、「社員のために会社を維持すべき」という思いと「年齢的に転職するならこれが最後のチャンス」という思いから大手商社を辞め関西通信工業株式会社（以下「関西通信工業」）の承継を決断した。44歳であった。

関西通信工業は、某鉄道会社のタクシー部門の部長であった父親が1967年に退職して創業した会社である。創業当初は商社的な業務が中心であったが、創業から数年後に社員を入れて磨いてきた無線技術が仕入先の大手電機メーカーから評価され鉄道会社のタクシー配車システムが受注できた。さらに、同社から紹介された自治体の防災無線案件も受注した。

その後、関西通信工業はコア技術である無線技術を活用して駅構内放送機器や鉄道沿線情報監視システムを自社開発した。これらの製品は、高い耐久性と据え付け及び保守の容易性が評価され関西圏の殆どの鉄道会社に採用されている。また、タクシー配車システムは、兵庫県下の60%のタクシー会社に採用されている。一雄が事業承継した2004年時点で関西通信工業は、「鉄道関連事業」、「自治体関連事業」、「公共交通関連事業」の3事業で年商12億円、社員数

40名の会社となっていた。

三井一雄の承継時の関西通信工業

- ・事業
    - 鉄道関連事業
    - 自治体関連事業
    - 公共交通関連事業
- ・売上　：12億円
- ・社員数：40名

　一雄が事業承継した3か月後に父親が亡くなった。「中小企業の経営者はどうあるべきか」、一雄は、父親から直接指導を受ける機会がほとんど得られなかった。無線機器メーカーである関西通信工業を技術者出身でもない父親が、どうしてここまで成長させることができたのか、在りし日の父親の姿を思い返しながら一雄は考えた。

　父親の口癖は、「お客を持っているのが強い」「義理を欠くな」である。主要取引先は、大手電機メーカー、大手鉄道会社、地方自治体であったが、常に対等の立場で「言うべきことは言う」という態度であった。その代わり、顧客の困り事には即座に対応し、常に頼れるパートナーになろうとしていた。大手都市銀行がメインバンクとなってからも最初の取引先である地元信金との関係を継続していた。また、父親はよく「ただの電気屋にはならない、付加価値を売る」とも言っていた。実際、販売した無線システムの保守サービスで固定費を賄う経営方針であった。月次売上総利益で経営状況を把握する管理手法により創業以来、黒字を続けている。

　父親は、創業社長の例に漏れずワンマンで頑固な面があり、時に社員を怒鳴りつけることもあったが、後を引かぬよううまくフォローするなど人心掌握に長けていた。一雄自身、「お前ならできる」と事あるごとに父親から言われてきた。

　顧客や金融機関など取引先や社員との関係性、付加価値を売る経営方針、経営管理手法は、後継社長として引き継ぐべき点と考えたが、実際のところ、会社や顧客を理解するには3～4年かかった。担当者が2年ごとに交代する官

公庁には交代の都度、挨拶に出向いた。メインバンクの大手都市銀行とは、現在も毎月面談し、年末には担当者を連れて挨拶に行っている。

　ワンマン社長として社員をぐいぐい引っ張るタイプではない一雄は、経営情報（月次営業利益、期経常利益、当期利益）を社員に説明するなど経営の透明性を高めることにより社員の信頼を得ようとした。また、承継時の関西通信工業には、経営理念、人事評価制度、予算制度や給料制度など会社の仕組みがなかったので承継後に作成した。特に給料制度は、中途採用者とのバランスなどを考慮したため確立までに10年を要している。

　また、会社組織も度々見直しを行った。事業承継時、機能別であった会社組織を採算の明確化と顧客対応の意識向上を目的に2007年に事業部制へと改めた。その後、縦割りで技術に偏りができたので機能別組織に戻し、2020年には再度、事業部制に改めている。

承継後に実施した施策
- 経営情報の透明性
- 会社の仕組みの構築：
  - 経営理念
  - 人事評価制度
  - 予算制度や給料制度
- 会社組織の改編

　「会社のブランドに頼らず自分の実力を試したい」との思いから事業承継を決断した一雄は、事業承継当時、関西通信工業を150人規模の会社にすることを目指した。しかし、経営を続けるうちに規模ではなく黒字を継続するのが会社にとって重要であると考えるようになった。実際、一雄が関西通信工業を事業承継して17年、その間、リーマンショックや東日本大震災に見舞われたが、一度も赤字に陥ることなく売上、当期利益を維持してきている。これからは、創業54年の伝統を大切に守りつつベンチャー企業のように常に何かを開拓できる会社であり続けることが最も重要であると考えている。

　一雄には、社長として心掛けていることが二つある。まず、顧客に対して、恵まれた取引環境に甘えることなく、「既存取引の質を向上しつつ、新たな技

術、製品、サービスを提供していく」ことである。具体的な取り組みとして2019年に元職場のエンジニアと共同で情報管理/配信システムのアプリ開発会社を設立した。将来的に「鉄道関連事業」と「自治体関連事業」を統合する位置づけの情報プロバイダー会社となることを目指している。二つ目は従業員に対して、「中からも外からも良い会社といわれるようにしたい」ということである。「良い会社」とは、単に「儲かっている会社」ではなく、「働く人たちが仕事をしていて楽しいと思える会社」であると一雄は考えている。関西通信工業を「社員が誇りを持って働ける会社」とすべく、大手商社マン時代の経験を活かして一雄は、今日も関西通信工業の経営に取り組んでいる。

三井一雄が心がけていたこと

- 既存取引の質を向上しつつ、新たな技術、製品、サービスを提供していく
- 中からも外からも良い会社といわれるようにする

③ 事業承継時の状況

2代目社長となる三井一雄が事業承継したときの状況は、次のとおりです。

承継内容	・取引先（顧客や金融機関など）や社員との関係性。 ・経営方針（付加価値を売る） ・経営管理手法（月次売上総利益で経営状況を把握）
強み	・社歴は50年を超えている。 ・大手商社の現地法人社長として経営の経験がある。 ・駅構内放送機器や鉄道沿線情報監視システムは、関西圏の殆どの鉄道会社に採用 ・タクシー配車システムが兵庫県下の60%のタクシー会社に採用。
弱み	経営理念、人事評価制度、予算制度や給料制度などの「仕組み」がなかった。
問題	・社長（父親）の入院により次期後継者が不在。 ※社長就任後3か月後に逝去。

（3）信じて任せる教育方針で後継者育成　株式会社レーザー技研工業（仮名）

① 株式会社レーザー技研工業が属する精密部品機械加工業界の特徴や動向

　精密部品機械加工業界は、マシニングセンターや放電加工機など各種工作機械を保有し自己または顧客の支給する材料を賃加工または請負加工して精密部品を製造するサービス業です。対象製品分野は、各種情報機器やデジタルカメラ、携帯電話、自動車、航空・宇宙、医療機器、半導体関連など幅広く、その

ため、サポートインダストリーと言われています。

　同業界に属する多くの事業者は、大手企業の協力会社として高度成長期に東京都大田区や東大阪市を代表とする地域に集積しました。当時は、加工品質さえ良ければ受注が途切れることはなく、黙っていても事業規模が拡大でき、さらに、最新設備を導入、時には、顧客生産技術者の指導も得て技術力を高めることでより高度な仕事をすることができました。

　しかし、1985年のプラザ合意以降急速に進んだ円高とそれに続くリーマンショックにより顧客大手企業の海外生産が急激に加速し、国内市場が大幅に縮小しました。さらに、コンピューター技術の進歩で工作機械が高度化したために設備による加工技術力の差がほとんどなくなりました。そのため、より労働コストの安い海外への生産シフトがさらに加速しました。また、海外への生産シフトで大手企業の設計者が製造現場から遠ざかったために製造工程への理解不足が生じ、案件を受注しても設計起因の製造トラブルが頻発するようになりました。

　このような経営環境の変化や高齢化等により事業意欲を失って廃業する企業が増え続ける一方、蓄積した加工ノウハウや独自技術で高付加価値化を図りオンリーワン企業、グローバルニッチトップを目指す企業、インターネットを活用して国内外から多品種少量生産を短納期で対応する企業や異業種間でのネットワークを構築して共同受注する企業など賃加工を含む下請け企業のビジネスモデルに変革の兆しが見られます。(株式会社きんざい　第13次業種別審査事典4057「精密部品切削加工業」より一部引用)

②承継ストーリー

　「結局、親父の手の平の上でうまく踊らされたな」、賞状を受け取りながら山内聡一郎(仮名)は苦笑した。株式会社レーザー技研工業(以下「レーザー技研」)が初めて製品化したレーザー加工装置が産業機械分野におけるイノベーション大賞「優秀賞」を受賞したのである。創業者である父親が一から取り組み磨き上げてきた高度なレーザー加工技術のノウハウを自動加工装置化した点が評価された。同装置は、父親が発案し、聡一郎が事業承継後に本格的に開発に取り組んだ製品である。開発当初、受託加工関係の仲間からは、「製品化は無理」「製品化できても商売にならない」など否定的な評価ばかりであった。持ち前

の負けん気に火がついて開発着手から2年で製品化、その後3年で前述の賞を受賞するまでになった。

　もともと聡一郎にはレーザー技研を承継する気持ちは全くなかった。父親からそのような話をされたこともない。「自分のやりたいことを自由にやれ」と父親は常々言っていた。そんな父親が聡一郎の進路に口を挟んだことが2度だけあった。大学受験時の学部選択の時と就職先を決めるときである。「国文学をやりたい」という聡一郎に父親は「就職先がないぞ」と言った。「就職先は自動車メーカーにしようか」という聡一郎に「そんな斜陽産業に就職してどうする」と父親は言った。

　結局、理工系の大学・大学院に進学、1993年に大手電機メーカーに就職した。大学院では「レーザー光を用いた表面改質の研究」に取り組んだが、期せずしてレーザー技研の主力事業に関わる研究であったのは、父親の暗黙の誘導があったのかもしれない。大手電機メーカーに入社する前日、「レーザー技研に入社するという選択肢もあるぞ」と初めて父親から言われた。その後、2、3度入社を勧められたが、聡一郎は、就職した大手電機メーカーで尊敬できる上司と出会い、その上司に一生ついていきたいと考えていた。

　聡一郎が研究者として仕事に没頭していた1990年代末、バブル崩壊の影響でレーザー技研の業績は急速に悪化していた。もともと父親は、技術一筋で100万円の売上で100万円の赤字になる顧客でも大事にするような人である。借金がみるみる膨らんでいった。

　レーザー技研を承継する気持ちの無かった聡一郎ではあったが、「せっかく親父が創業した会社を他人が承継するのは、もったいない」と感じるようになった。また、「こんな借金の多い会社を身内以外に承継する者はいない」とも考えた。さんざん悩んだ挙句、2001年にレーザー技研に入社、事業承継することを自ら父親に伝えた。聡一郎の決意を聞いた父親は、中小企業大学校「経営後継者研修」を受講するよう聡一郎にその場で指示した。

　レーザー技研は、1979年に父親が創業した会社である。父親は、中堅どころの産業機械メーカー東日本機械工業株式会社（仮名）の技術開発部長であったが、経営陣の放漫経営で会社が傾き主力事業を大手産業機械メーカー東西産機株式会社（仮名）に売却せざるを得なくなった。父親は、経営陣への反発心から独立を決意、掘っ立て小屋のような貸工場、中古旋盤と従業員3人からレー

ザー技研をスタートさせた。

　創業時から「レーザー加工技術で日本一」の会社を目指した。レーザー加工技術は、父親が東日本機械工業株式会社時代に手掛け、その可能性にほれ込んだ技術である。賃加工で会社を維持しつつ、レーザーを用いた新しい加工技術の研究開発に没頭した。加工技術関連の学術団体で研究成果を度々発表するうちに、大学や国の研究機関から共同研究の声もかかるようになった。

　聡一郎がレーザー技研に入社する頃には、年商約8億円、従業員数60名、国内大手メーカーからの依頼で加工技術の受託開発を行う知る人ぞ知る企業になっていた。

山内聡一郎が入社した頃のレーザー技研

- ・年商約8億円
- ・従業員数60名
- ・加工技術の受託開発を行う企業として有名

　しかし、専務取締役として入社した聡一郎にはレーザー技研の弱みばかりが目につく。「財務がどんぶり勘定」「借金が多いのに社員の給与が高い」「人事評価制度がない」「マネジメントクラスの人材育成がなされていない」「技術が属人化している」などなど数え上げれば限りがないように思われた。弱みの背景には父親の経営者としての「甘さ」があるように感じた。

　「事業承継を決意したからには俺がこの会社を変えてやる！」そう決心した聡一郎は、自らの判断で動くようになった。社員には信賞必罰を徹底した。赤字で受注した顧客とは取引を辞めた。リーマンショック時にはリストラを断行した。聡一郎が何をやっても父親は一切口を挟まなかった。

　2011年に聡一郎が2代目社長に就任した際には、レーザー技研は最悪の財務状況であったが、父親は聡一郎に主要顧客や協力会社との人脈を引き継ぐことさえしていない。業績悪化の一因には、赤字受注企業との取引を辞めて売上が激減したことがあった。顧客を失って初めて顧客の重要性に気づいた聡一郎は、自ら社長就任の挨拶に出向き、顧客との関係構築に努めた。既存顧客を定期的に訪問すると同時にサラリーマン時代の上司や同僚の伝手を頼りに新規顧客開拓にも努めた。

また、主力事業の受託加工事業では、差別化ポイントである加工条件や加工ノウハウの文書化を進めると同時に、新しい加工技術を開発し、顧客にその成果の活用を積極的に提案した。こうして徐々に売上が回復して行く。さらに、前述の通りレーザー加工装置の製品開発にも取り組み、2021年現在、累計販売台数80台、売上合計6億4千万円の事業にまでなった。

　売上規模は未だ父親の代のピークには到達していないが、借入金を半減、自己資本比率を5%から40%まで改善するなど財務体質を健全化した。社長としてそれなりの成果は出せたと思う。一方、ここに至るまでには、随分、極端な経営をしてきたと聡一郎は振り返る。「顧客を失って初めて顧客の重要性を知った」「信賞必罰の徹底とリストラ断行で社員がやる気を失った」「技術の根本は人であることを思い知った」などなど痛い目を見て多くを学んだ。闇雲に変えるのではなく、「父親の時代の良い面と変革すべき面とを分けて考えること」が必要と考えるようになった。サラリーマン時代の上司の「何よりバランスが重要」との言葉が改めて今の聡一郎の指針になっている。

山内聡一郎の経営の振り返りと気づき
・顧客を失って初めて顧客の重要性を知った
・信賞必罰の徹底とリストラ断行で、社員がやる気を失った
・技術の根本は人であることを思い知った
→「何よりバランスが重要」（今の聡一郎の指針）

　専務取締役としてレーザー技研に入社して20年、事業承継をして10年が経過した今、聡一郎には大きな夢がある。それは、レーザー技研のレーザー加工技術を駆使して高度な処置具を製造する医療機器メーカーになることである。思えば、医療機器メーカーになることは父親の長年の夢であった。やはり、「俺は親父の手の平の上でうまく踊らされたな」と聡一郎は改めて思った。

③事業承継時の状況

　2代目社長となる山内聡一郎が事業承継したときの状況は、次のとおりです。

承継内容	・レーザー加工技術とノウハウ ・技術力を持った社員
強み	・優良顧客 ・独自のレーザー加工技術とノウハウ ・新しい加工技術の共同研究開発能力 ・ポテンシャルを持った営業、技術社員
弱み	・赤字体質と多額の借金（赤字受注） ・経営の長期ビジョンの従業員との共有不足 ・技術の属人化による非効率と技術後継者不足 ・従業員教育の不足（無計画）
問題	・財務がどんぶり勘定（赤字受注、多額の借金） ・管理職の育成不足 ・技術の属人化 ・高めの人件費

（4）畑違いの娘が事業承継　東山電子株式会社（仮名）

①東山電子株式会社が属する半導体製造装置関連業界の特徴や動向

　東山電子株式会社（以下「東山電子」）が属する半導体製造装置関連業界は、こ
れまで、約4年ごとの好不況を繰り返しながらもパソコン、携帯電話、デジ
タル家電などの普及が半導体市場をけん引してきました。これからは、自動運
転、DX、IoT、スマートシティー、人工知能（AI）などの新しい技術の社会へ
の普及により、半導体は長期の市場拡大が予測されています。

　東山電子が事業を展開する業界は、このように長期の市場拡大が予想される
半導体製造装置に関連する業界です。半導体の製造工程は、大きく「前工程」
と「後工程」に分かれます。「前工程」は、シリコンウエハをつくるシリコンウ
エハ製造工程、ウエハに電子回路を形成するウエハ処理工程、ウエハ上で回路
動作を検査する検査工程からなります。「後工程」は、個々に切断された半導体
チップをパッケージに封入する後工程、パッケージ状態で回路動作を検査する
検査工程からなります。

　我が国は、世界有数の半導体製造装置大国であり、検査工程（前工程）におい
ては、半導体テスターで世界シェア40〜50%を有するアドバンテストがあり
ます。

　東山電子が半導体メーカーから受注し製品ごとに個別に設計・製造する半導

体用テスト基板は、アドバンテストの半導体テスターを用いて半導体メーカーが行う検査工程（前工程）に必要不可欠な製品です。

　長期の市場拡大が予測される半導体市場ですが、米国の市場調査会社IC Insightsによると、全世界で2009～2019年に閉鎖/転用された半導体工場100か所のうち36か所は日本の半導体工場でした。1980年代に世界を席巻した国内半導体メーカーの凋落は著しいものがあり、世界的に半導体市場が拡大するにもかかわらず、東山電子の半導体用テスト基板ビジネスには、寄与しないものと推測されます。

（株式会社きんざい　第14次業種別審査事典5040「半導体製造装置製造業」より一部引用、一部改編）

②承継ストーリー

　「3か月後に引退したいので後を継いでくれないか。2か月後に返事をしてほしい」と突然、創業者である父親に言われた。「何を言っているの。冗談でしょう？」と言い返して父親の顔色をうかがったが、父親は真顔である。

　東山薫子（仮名）は、学生時代から演劇活動に熱中し、卒業後は、劇団に所属して役者として出演したほか、製作、衣装製作、ホームページ作成など幅広く劇団活動に携わってきた。結婚を機に劇団から身を引いて専業主婦になったが、父親に請われて昨年、経理担当として東山電子に入社したばかりである。入社後、業務に関する改善提案を幾つか父親にしてはいたものの、技術もわからない、経営もわからない一介の主婦が東山電子を引き継げるわけがない。父親への答えは明らかである。他方、受注案件に関し熱心に電話対応している社員の姿を目にして「仕事が好きなのだな」、「お客様に信頼されているのだろうな」と、常日頃感じていた薫子は、「ワンマンの父親が引退したらこの会社や社員さんはどうなるのだろう？」とも思った。2か月間、悩んだ末に薫子は東山電子を引き継ぐ決断をする。「人生は二択の連続、ワクワクする方を選択しよう」が信条の薫子にもう迷いはなかった。

　東山電子は、上司と衝突して大手電機メーカーの研究所を退職した父親が1980年に37歳で創業した会社である。優秀な回路設計技術者であった父親は、部課長クラスになっていた大学時代の同窓生や大学の人脈を活用して仕事を獲得していった。創業当時の主な業務は、半導体用テスト基板の設計であ

る。1980年代は、日本の半導体産業の興隆期で東山電子のような小さな会社でも受注が途切れることがなかった。基板設計のほかテストプログラム開発にも業務を広げ、創業10年で10名規模の会社となり、自社ビルも持てるようになった。

　このように、父親が事業を拡大できたのは、時代背景もさることながら、顧客の困り事には何でも対応する姿勢が顧客から評価されたからだと薫子は、思う。しかし、その後、日本の半導体産業はメモリーからロジックLSIへの顧客ニーズの変化や垂直統合型から水平分業型へのビジネスモデルの変化に追随できずに1989年をピークに凋落の一途をたどることになる。東山電子では半導体用テスト基板設計の需要減少に対し、FPGA設計、筐体設計、半導体検査装置用電源の設計・製造と次々に業務範囲を広げて社員数10名、年商1億円の事業規模を維持してきた。

　東山電子の強みは、技術的には、「ハードからソフトまで対応可能な設計技術を有すること」と「アナログ、デジタルの両方に対応可能であること」であるが、最大の強みは、顧客の困り事には何でも対応するという父親の方針のもと、案件ごとに担当者がワンストップで対応することで構築してきた社員と顧客との信頼関係である。そのため、東山電子は、リーマンショック後も国内大手半導体メーカー3社と直接取引を継続できている。

東山薫子が事業承継した頃の東山電子
　　・社員数10名
　　・年商1億円
　　・業務範囲：半導体用テスト基板設計、FPGA設計、筐体設計、半導体検査装置用電源の設計・製造
　　・強み：社員と顧客との信頼関係（ワンストップでの対応）

　薫子が東山電子を事業承継した2013年、それまで父親とともに東山電子の技術を引っ張ってきた古参幹部2名が相次いで退職した。技術も経営もわからない娘への事業承継が許せなかったようだ。社長就任の挨拶をしたときも、社員は無反応であった。個々の社員の個性や業務内容を把握するために、就任後、個別面談を実施したときには、父親への不満や職場環境、待遇面の改善要

求が次々に噴出する。覚悟はしていたが、社長就任とは、これら社員の不満も引き継ぐことと理解した。父親を含む3名への退職金支出と古参技術者2名分の売上減少により2013年は創業以来の大赤字になった。翌2014年も業績回復の気配は感じられなかった。とにかく会社に電話がかかってこないのである。東山電子は、先代社長がもっぱら営業を担当し、獲得した案件を社員に割り振っていた。先代社長が引退した後、社内には営業経験のある社員は一人もいなかった。薫子自身も先代社長から取引先の人脈を引き継いではいない。電話がかかってこないのも当然であった。

「私が営業をやるしかない！」そう決心した薫子は、東山電子の事業内容の勉強を兼ねて3か月をかけて会社案内とホームページを製作した。社長名刺では気後れしそうなので営業の名刺を作成して2か月で100人に東山電子の説明をすることを目標に自ら飛び込み営業や展示会での営業を始めた。専門的なことを聞かれたときには、即座に携帯電話で会社に連絡を取って社員に説明してもらった。全く技術のわからない社長が営業活動することを疑問視していた社員に薫子の真剣さが伝わったのか、「営業の突破口だけ作ってくれたら、後は自分たちがやります」といわれるようになった。薫子が営業活動を始めて半年、交流会で知り合った企業から初めて800万円の仕事を受注したときには社員全員が喜んでくれた。「社長として認めてくれたかな」と薫子は思った。

事業承継して8年、その間、経営に関して先代社長が薫子にアドバイスすることは一切なかった。困ったときには、公的支援機関から紹介されたコンサルタントの先生や「女性経営者の会」の先輩社長に相談するなど、試行錯誤しながらも東山電子を良い会社にしようと薫子は頑張ってきた。

社長就任当時の東山電子に対する薫子のイメージは、「鵜匠と鵜」であった。「社内に君臨するワンマン社長とその指示通りに業務をこなす社員たち」の関係である。実際、「待ちの姿勢」の社員ばかりであった。「自社製品を企画しよう」と呼びかけたこともあったが反応は皆無である。「東山電子を自立した技術者集団にしたい」と薫子は強く思った。

薫子は企業風土変革を経営理念・ビジョン作りから始めた。顧客に対する先代社長の姿勢を踏まえて「できないと言わない技術者集団」を経営理念に掲げるとともに、「技術を磨き上げて百年続く企業」「従業員が幸せに開発に取り組める企業」をビジョンとして掲げた。経営理念とビジョンを歌いこんだロック

調の社歌も作った。ビジョン実現の具
体的な取り組みとして、社員が最先端
の技術に触れる機会をつくるために医
療機器分野や航空宇宙分野など半導体
分野以外の新分野を積極的に開拓し、
業務環境の整備にも取り組んだ。

　また、技術教育以外にも社員の自立
マインドを醸成するために社会人教育
にも取り組み、各種展示会に説明員として積極的に参加させた。これらの取り
組みが実り、近年は、国立研究機構の大深度有人潜水調査船向けパネル設計、
大手電機メーカーの小型人工衛星向け制御基板設計、大手医療機器メーカーの
診断装置向け基板設計等を相次ぎ受注するなど新分野開拓に成功している。
　思いがけず中小企業の社長に就任した薫子であったが、多くの顧客企業や同
業他社と関わるうちに「ゼロから1、1から10を作り出せるのが中小企業」、
「MADE IN JAPANが再び世界一になるためには強い中小企業が必要不可欠」
と確信するようになった。2021年現在、東山電子は、社員数14名、年商1
億9千万円の事業規模になったが、これからは、M&Aなどの方法でさらに技
術の幅を広げ、2025年には東山電子を30名規模の会社にするのが薫子の現
在の夢である。

③事業承継時の状況
　2代目社長となる東山薫子が事業承継したときの状況は、次のとおりです。

承継内容	・経理事務を通じた社外との関係 ・真面目な社員
強み	・顧客の困り事には何でも対応するという会社の姿勢 ・ワンストップ受注（アナログからデジタル、ハードからソフト）
弱み	・半導体分野への極度の傾注（日本の半導体業界沈下） ・営業力が社長（父）のみに依存
問題	・ワンマン経営のひずみ（待ちの姿勢の社員） ・技術リーダー不在（リーダー2名退職：社長人事への不満） ・取引先（営業ノウハウ）の継承不足

(5) 60歳での事業承継を決断した2代目社長　三郷光学株式会社（仮名）

① 三郷光学株式会社が属する「光学ガラス加工業」の特徴や動向

　三郷光学株式会社（以下「三郷光学」）の属する光学ガラス加工業は、ガラスの切断・端面処理・表面研磨などの加工を請け負って行う業態で、かつては多くの業者が存在したが、中国などの海外企業との価格競争によりその数は減少しています。

　三郷光学が事業の軸足を移した「研磨加工」は、表面加工の最終仕上げとして用いられる表面処理の一種であり、製品や部品の表面を磨いてなめらかにする加工方法です。研磨加工を施せば、製品や部品の表面が光沢のある状態に仕上がるので、金属の内側の鏡面加工や美観が求められる部品を加工したりする際に用いられます。なお、加工の対象は、金属・ガラスや樹脂なども加工できます。研磨加工の特徴は、非常に汎用性が高く加工精度が高いことです。

　また、スマホの普及によりカメラの需要が減少し、スマホのレンズは樹脂を用いたものに置き換わっていったため、カメラのレンズ研磨の需要が減少していきました。時計のカバーガラスに用いられるサファイアや、特殊な光学部品に用いられる材料には研磨加工が難しいものも多く、そうした技術を持つ企業は、生き残りのために付加価値の高い電子部品に用いられる結晶材料の研磨加工にシフトしていきました。

② 承継ストーリー

　「もうすぐ俺も60歳。この会社を引き継いだときの親父の年齢になるんだ」
　山部伸彦（仮名）は先代からこの会社を引き継いだ当時を思い出し感慨にふけっていた。

　三郷光学は、先代の父親が50年前に腕時計用のカバーガラス製造会社として創業した。先代が秋田から東京のガラス製造工場に出稼ぎに来ていたときの経験や人脈を基に設立している。埼玉に小さな工場を建て、徐々に売上を伸ばし、1985年には故郷の秋田県に錦を飾る形で新工場を建てるまでに成長した。

　伸彦が父親の会社に入社したのは新工場設立の3年前であった。高校を出てぶらぶらしていたが20歳になったのをきっかけに父親の会社で働くようになったのである。伸彦は、製造現場や営業で経験を積み、また新工場設立にも関わることで仕事を覚えていった。

しかし、当時は、プラザ合意により為替レート1ドル240円が1年で140円となる時代で、製造業の中国移転が進むなど逆風は強く、主力製品であったカバーガラスの利益率も低下し続けていた。先代の人脈から精密ガラス研磨の新規案件を受注したりもしたが、利益の低下には歯止めがかからない。そんな中、先代社長が60歳となった年に突然、「お前が社長になれ。俺は会長に退く」と言われた。

　伸彦が33歳のときである。

山部伸彦が事業承継した頃の三郷光学の状況

- 工場（秋田県）
- 急激な円高（外部環境）
- 発注元の製造会社の海外移転
- カバーガラスの利益率の低下
- 精密ガラス研磨の新規案件の受注

　まだ社長になるには経験不足だと思ったが、先代が会長としてサポートしてくれると思い引き受けた。しかし、先代は経営には一切口を出さず、2年もすると会社にも来なくなってしまった。経営には口を出さなかったが、その間、技術的なアドバイスを積極的に行い、現在も技術の責任者を務めている技術部長を育て上げている。

　会社を引き継いだ伸彦はどうやって会社を建て直すか悩んでいたが、そこに大事件が起こる。社長就任の1年後、工場火災が発生し、工場と機械の半分が焼失してしまったのである。これをきっかけに伸彦は思い切った決断をする。「より付加価値の高い精密研磨に軸足を移そう。三郷光学の技術力をさらに磨けば少ない機械台数でも利益が得られるはずだ。」

　その後、右も左もわからないまま学会などに顔を出して人脈を作っていった。3年後には大手光学機器メーカーから大きな案件を受注する。技術的な難易度は高かったが、何とか要求仕様を満たすことができた。このことが評判となり、この大手メーカーだけでなく他の会社からも次々と新たな案件を受注できるようになった。技術的にはいずれも困難な案件だったが、課題をクリアする毎に自社の経験と技術力が向上し、さらに難易度の高い案件もこなせるよう

になるという好循環が生まれるようになった。

　そうして売上を伸ばすことができた結果、現在の工場は当初の新工場の3倍の面積でクリーンルームを備えた立派なものとなっている。取引先は150社を超え、最大の取引先でも売上の20%は超えない。先端の加工なので入れ替わりは激しいが、うまい具合に新しい案件が入ってきて稼働率は好調を維持している。

　会社が軌道に乗り始めてから、伸彦は会社をどうやって次の世代に引き継ぐかを考えるようになった。自分の場合、自社での経験だけで何とかやっていくことができたが、これはたまたま運が良く、周りの人たちにも恵まれたからだと思う。そこで、大学を卒業した息子を取引先でもある大手材料メーカーに入社させ、大企業の仕事の進め方などを勉強させることにした。

　また、社員にも学会等に積極的に参加させ、技術力向上を図った。三郷光学には営業部門はなく、受注はこうした学会などで得た人脈に頼っているので一石二鳥である。大学や研究機関との共同研究も積極的に行い、研究開発補助金などを使って三郷光学の工場に研究用の装置を置いてもらうことにより、最先端の技術や知見を得ることができた。さらに、将来の技術幹部候補には社会人ドクターコースに入学させ、共同研究の成果を基に、先日見事に博士学位を取得することができた。

　伸彦は60歳が近づき、当時の先代の思いがわかるようになった。職人肌の技術屋だった先代は、自分が創業したカバーガラスの事業には先がないが、新しい事業は会社を引き継ぐ若い世代が考えるべきだと思っていたのではないか。その代わり、自分の持っている経験や技術は伝えて残していこうと。思えば先代は「ものよりも人を大事にする人」である。当時からどんなに苦しくてもリストラは行ったことがなく、今でも派遣社員は10%以下をルールとしている。さて、自分はどうやって次の世代に引き継ごうか。

　自分も父親と同じ60歳で次の世代に引き継ごうと思うようになった。7年間大手メーカーで修行させていた息子も3年前から三郷光学で働いていて今年で32歳になる。ちょうど自分が会社を引き継いだのと同じくらいの年齢だ。3年の間に三郷光学の内情も把握し、他の社員との信頼関係が築けている。息子は自分と同様文系なので、技術的な力はないが、大手メーカーで学んだ財務や人事の経験が役に立つはずだ。既に金融機関との関係構築もできている。技

術面は社員教育のおかげで、幹部社員、中堅社員は十分な技術力を持っていると思うし、若手社員へその技術力を伝える仕組みも作った。

自分も社長を引き継いだ後は経営には口を出さないつもりだ。そのため、会長ではなく監査役という立場を選ぼうと思っている。問題は社長を退いた後の時間をどうやって過ごすかだが、これは既に準備ができている。社内の人材育成を進めるうちに、人を育てることがとても面白くなった。商工会の会長にも就任していたので、これを社内だけにとどめるのではなく、地域の発展に役立てられないかと考えている。そこで、数年前に社員教育や事業承継をサポートする子会社を立ち上げた。伸彦は社長退任後にこの子会社の社長として地域の人材育成に貢献していくつもりだ。「やっぱり俺は親父の息子。人を大事にする親父の血を受け継いだんだな」と思っている。

③事業承継時の状況

　2代目社長となる山部伸彦が事業承継したときの状況は、次のとおりです。

承継内容	・工場（秋田県） ・精密ガラス研磨技術を持つ従業員
強み	・精密研磨技術とノウハウ ・ポテンシャルを持った技術社員 （山部伸彦） ・製造現場や営業での経験 ・新工場設立にも関与
弱み	・弱みや課題が明確ではないこと。 ・会社の将来像が明確になっていないこと。
問題	・急激な円高への対応 ・主力製品のカバーガラスの利益率が低下

（6）クーデターによって事業承継した2代目社長　横上金属加工株式会社（仮名）

①横上金属加工株式会社が属する非住宅向け建材・設備機器製造業の特徴や動向

　「非住宅向け建材・設備機器」とは、スチールドア・自動ドア・ビル用サッシ・シャッターなどの金属製品です。

横上金属加工株式会社（以下「横上金属」）は、このような金属製品の製造販売会社です。

　株式会社矢野経済研究所の調査（非住宅建材・設備機器市場の動向調査、2021年1月21日発表）によれば、国内非住宅向け建材・設備機器市場規模（2019年度）は、メーカー工場出荷高ベースで前年度比1.0%減の2兆800億円と推計されています。このうち、横上金属の主な顧客層の市場規模は、店舗が1,314億円（前年度比21.9%減）、飲食サービス業用が344億円（前年度比5.4%増）です。

　飲食店やアパレル店では、テレワークの普及などによる外出機会の減少による店舗数の減少などが想定され、景気の変動に左右される市場でもあります。

　なお、最近では大型台風や集中豪雨、洪水による被害が増えていることから、サッシやシャッターでは止水に強い防災機能を果たすものの需要が拡大すると見込まれています。

② 承継ストーリー

　「このままでは、会社がおかしくなってしまう」と創業社長の娘である横上恵子（仮名）は感じた。

　2000年代に入った頃、父親の勤務していた会社が不況のあおりを受けて倒産した。父親は、非住宅向け建材・設備機器製造業の営業マンとして長年働いてきた。精通している同じ業界での創業を父親が決意したのは40代後半に差し掛かった頃である。

　父親は、2003年に長年の営業経験から競合会社が少なく、さほど技術的にも高度でなく、大手企業も参入しないニッチな分野に絞った特殊な非住宅向け建材・設備機器の製造・販売と設置までをワンストップで提供する横上金属を設立した。

　横上金属は、創業社長となった父親の参入事業分野の選択、豊富な営業経験による人脈によって、設立当初から安定的な売上と利益を生み、創業から十数年で社員が十数名で売上が数億円に達するまでになった。

　しかし、創業から10年も経過すると、社長は周りの意見も聞かず独善的な経営を行うようになった。社長と社員間のコミュニケーションは不足し、社員の提案に対しても採用することがない。社員は少しずつ離職し、残った8名の社員は社長の顔色をうかがい、何も言わずに黙々と言われたことだけを行う

という「指示待ち族」になっていた。せっかくの社員の知識や経験などを横上金属で発揮する状況ではなくなった。また、以前は特許などを出願・権利化していたが、社長と従業員間のコミュニケーションの溝ができてから出願自体がなくなっている。

　社長は、財務や経理面を顧問税理士に任せきりで、経営状況を詳細に把握しようとしなかった。当社はいつのまにか売上が減少し赤字体質に陥っていく。それでも社長は何の工夫もせず、社員に将来への展望も示さず、淡々と従来通りの経営を行うだけである。こうして、赤字基調が続き、累損の赤字額が大きくなっていった。

横上恵子が承継前の横上金属の現状

・社長の独善的な経営

・社長と従業員間のコミュニケーション不足

・社員の離職

・財務や経理面は顧問税理士に任せきり

↓

赤字体質へ

　2代目社長となる横上恵子が横上金属に入社したのは創業から3年後のことである。

　入社前は大手企業で財務や経理を担当しており、横上金属に入社後も人事、財務や経理の管理部門を担当した。

　恵子は、財務面から「このままではじり貧状態で倒産するのではないか」、「一緒に働いてくれた社員を路頭に迷わせる」と強い危機感を持った。そのためには、早めに何らかの手立てを講じる必要があると痛感した。そこで社長である父親に会社の改革案などを度々提言したが、採用されることはなかった。

　恵子は、入社当時会社を承継する意思も

このままでは、会社がおかしくなってしまう

なく、また父親である創業者から一度も会社を承継するようにと言われたこともない。しかし、入社して10年近くたつと「このままでは、会社がおかしくなってしまう」、「社員の能力を信じ、社員が実力を発揮できる環境をつくることができれば、会社が立ち直るのではないか」と考えるようになった。

　30代半ばとなった恵子は、社長である父親に「自分が会社を承継し、社長になる」と宣言した。また、父親が出社するかぎり会社の雰囲気は変わらない、と強く感じていたので、「父親は出社しないように」と宣言した。身内である娘の反乱である。

　父親は、自らが創業した会社を不幸にも追われることになったが、娘である恵子に対して何ら反論せず、その後も一度も出社することなく会社を去っていった。

　父親は、創業して10年以上会社を維持し、一定規模の企業にするなど成功体験が邪魔をしていたと思う。そのために、会社を変革する必要を感じていたとしても、「自分では横上金属を変革することができない」と悟っていたのではないか。「父親は、当社の再建を自分に託したのではないか」、「出社しないことも自分を陰ながら応援する手段ではないか」と恵子は考えるようになった。

　恵子は、創業時から承継時まで身近で父親の背中を見てきており、父親が創業時に掲げた「顧客第一、顧客優先」という理念や行動指針には共鳴している。しかし、父親はステークホルダーの一角である「社員」をあまり重要視していない。恵子は、会社を変えるためには、社員の協力が不可欠であることを強く感じており、「顧客第一、顧客優先」の理念を踏襲し、「社員を大切に」という理念を追加して、社員の能力を信じて"社員力"を向上させ社員を重視することで会社を変革しようと考えた。

　恵子は、同じ社員という立場で約10年勤務していたので、社員にもっと会社に貢献したいという熱い気持ちがあることや、古参社員は高い営業力や技術力を持っていることも知っている。当社を変革するために、この"社員力"（社員を重視する）を原動力として活用すべきであると思った。

　恵子は、社内のコミュニケーションを活発にして会社の雰囲気を変える必要性があることを痛切に感じていた。まず、複数の事務所を1か所に統合し、経費も削減した。また、創業社長である父親とつながっている顧問税理士との

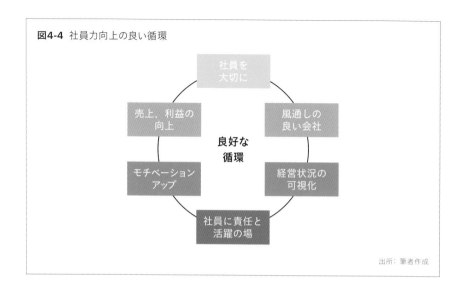

図4-4 社員力向上の良い循環

社員を大切に

風通しの良い会社

売上，利益の向上

良好な循環

経営状況の可視化

モチベーションアップ

社員に責任と活躍の場

出所：筆者作成

契約を打ち切り、適切な顧問料で他の税理士に変更して経費を削減した。そして、会社の経営状況を可視化して社員にも説明するようにした。そのうえで、矢継ぎ早に社員の職責の明確化などの人事面・組織面を一新した。恵子は、父親を反面教師として、「社員の力が発揮できる風通しの良い会社」を目指して会社を経営することを肝に銘じた。

　恵子は、経理や財務を担当していたので、金融機関の人脈を引き継ぐ必要はなかった。しかし、他の仕入先や販売先の取引先とは密接でない。取引先の人脈は、父親から引き継ぐことができないので、営業や技術部門の古参社員に同行しながら人脈を引き継いだ。取引先には、創業社長退任後は同行した古参の社員が中心になって責任を持って対応することを伝えた。恵子は、古参社員に営業面や技術面を任せ、責任や活躍する場を与えることで"やる気"を引き出し、モチベーションのアップを図った。これにより、取引先の要望を迅速に取得して、タイムリーに、より適切な提案ができるようになって、取引先の信頼を獲得してきている。恵子は、これも"社員力"を信じた結果であると強く感じている。

　このように、社員に仕入先や販売先などの取引先に対して全責任を与えたことで、従来にも増して取引先との関係性が緊密になり売上や利益が徐々に回復してきた。

社員は、恵子の改革意欲や自分たち社員を大切にする方針など、会社が良い方向に変わっていることを実感している。今では、2代目社長の恵子に意欲的に企画や業務改革を提案し、特許や意匠などの知的財産権を取得する意欲も高まってきており、ノウハウという知的資産も意識するようになってきている。

　こうして、追加した「社員を大切に」の理念、一新した組織体制、新たな企画を含む技術、社員という人的資産、取引先との緊密なネットワークなどの「知的資産」が蓄積されてきている。恵子は、これらの「知的資産」が市場での競争優位性を発揮できるものと期待している。

　恵子が、「社員を大切に」という理念を追加したことで、チームとしての一体感が醸成され、社員との良好な関係を築くことができている。これにより、社員は生き生きと働き、社員間のコミュニケーションが充実し、社員から積極的な新商品の提案などボトムアップ経営を実現化できてきた。これらの提案は、自社の強みを生かした商品開発による顧客層の拡大や事業領域の再構築にもつながり、企業存続に向かって良い方向に変革していることを実感している。また、"社員力"が売上、利益の向上につながることを確信している。

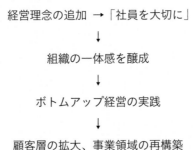

理念の追加による効果

経営理念の追加 → 「社員を大切に」

↓

組織の一体感を醸成

↓

ボトムアップ経営の実践

↓

顧客層の拡大、事業領域の再構築

　事業承継後は、社員も数人増加し"社員力"という人的資産を高め、「知的資産」の重要性を認識することで、売上高は数億円強まで回復するとともに利益面が改善されるようになり承継前の負債額は減少してきている。

　恵子は、社員を信じ"社員力"を高めることで、経営の安定や売上・利益の拡大を実現することになり、承継時に抱いた会社経営に向かって進んでいることを実感している。

③事業承継時の状況

　2代目社長となる横上恵子が事業承継したときの状況は、次のとおりです。

承継内容	・「顧客第一、顧客優先」の企業理念。 ・取引先の関係性を構築している社員の外部人脈。 ・技術力、営業力のある社員のノウハウ。
強み	・長年継続取引している優良な顧客を保有している。 ・技術力（金属製品加工技術）のある社員の存在。 ・技術力、営業力のある社員のノウハウ。
弱み	・社長が独善的な経営を実施している。 ・社長のマンネリ経営による社員のモチベーションの低下、会社に活気がない。 →会社の経営状態の悪化へ
問題	・創業社長（父）の独善経営の弊害とマンネリ経営（財務力に対する意識の薄さ）により、会社経営の悪化を招いた。 ・創業社長と社員とのコミュニケーション不足による社員との関係性の希薄さにより、社員の退職や社員のモチベーションの低下を招いた。

（7）親族内承継にて承継予定の次期社長　株式会社千田コスメ（仮名）

①株式会社千田コスメが属する基礎化粧品製造業の特徴や動向

　「基礎化粧品」とは、洗顔料、化粧水、美容液、乳液、クリームといった皮膚の肌質を整えるスキンケア商品で、皮膚用化粧品ともいいます。

　株式会社千田コスメ（以下「千田コスメ社」）は、基礎化粧品の製造販売会社です。

　日本の化粧品業界の構造的特徴として、化粧品産業ビジョン（令和3年4月：化粧品産業ビジョン検討会）によれば、上位5社のグループでシェアを約4割、上位10社では5割を占めており、残りの5割の市場を2,990社の中小企業で形成し、2極化しています。このような状況において、中小企業は、大手企業からのOEM事業に特化するか、新たな顧客として異業種からの参入企業に対して自ら所有している製造ノウハウを提供することで協力会社として生き残っていくかが問われています。

　また、化粧品の販売方法は、対面販売やカウンセリングから、インターネットの普及による消費者の購買行動の変化を受けてオンラインを活用した非接触型の無店舗で販売される商品の需要が増加しており、価格帯は低下傾向にあります。

　家計での支出を経済産業省（https://www.meti.go.jp/statistics/toppage/report/minikaisetsu/hitokoto_kako/20220105hitokoto.html・2022/1/5）の統計で見てみると、

消費全体に対する化粧品消費の割合は1.4%〜1.6%の間で安定的に推移しています。そのなかでも、基礎化粧品は外出に関係なく肌の手入れに使用するので、横ばいか化粧クリームのように支出額が増加傾向になっている製品もあります。

経営情報出版社「業種別業界情報」2022年版によれば、2020年の基礎化粧品（皮膚用化粧品）の国内出荷額は、前年度比13%減の7,718億円と推計されています。

化粧品業界の大きな課題は、少子化による顧客となる人口の減少と異業種の参入です。医薬品や化学メーカーなどの異業種は、自社で開発した独自技術を化粧品分野に生かすケースが増えています。

また、社会のSDGsへの関心の高まりにより、化粧品製造会社では容器のプラスチックの使用量の削減化や容器のリサイクルに取り組んでいます。

最近の動向として、個々のお客様の肌質や肌の状態に合わせた美容液を定額サービスで提供する企業も現れており、中小企業の化粧品製造会社は、オーダーメイドの化粧品市場に注力することで大手化粧品会社との差別化ができると思われます。

② 承継予定ストーリー

「そろそろ、千田コスメ社を承継する時期にきている。遅いぐらいだ」。社長の娘である松下華子（仮名）副社長は、父親の健康を気遣いながら強く意識するようになった。父親は、ここ数年体調を崩しがちで、めっきり体力が衰えてきている。父親も既に齢80歳を超えた。千田コスメ社は、1950年代後半に設立された基礎化粧品の製造会社である。千田コスメ社の創業から15年目に、父親が千田コスメ社を買収した。

千田コスメ社の沿革
1950年代後半に創業（基礎化粧品製造会社）
1970年代前半に、父親が千田コスメ社を買収
以降父親が社長として経営している

父親は、千田コスメ社の社長に就任する前は、外資系の大手美容関係のトッ

プ営業マンであった。その後、父親は社長として千田コスメ社を50年近く引っ張ってきている。千田コスメ社は、ある業界向けの基礎化粧品のOEM製造を主な事業としている。

華子は、大学を卒業してすぐに千田コスメ社に入社した。学生時代には当社でアルバイトとして働いた経験があり、その際社長である父親と社員との板挟みになったこともある。あれから約30年経過している。

華子は、次期社長への就任を意識するようになり、常に父親である社長の背中を見て、「自然と帝王学を学んできたのかもしれない」と思った。自分が父親と同じように千田コスメ社を引っ張っていくことができるか、今でも多少の不安がある。社長である父親の健康面や年齢を考えると今、事業承継を決断すべき時期にきているとひしひしと感じている。

また、千田コスメ社の現状を考慮すると、「千田コスメ社の現状を熟知しているのは自分しかいない」と思っている。千田コスメ社の主な取引先企業の経営者らも、自分が次期社長となることを期待しているようだ。「現実的に、自分以外に次期社長候補はいないのではないか」。やはり、「自分が社長に就任すべきではないか」と華子はしばしば自問自答した。

華子は、入社時には美容関係に興味を持っていたので、その道に進むことを考えていた。また、自分が製造業に向いていないとも思っていたので、千田コスメ社を承継する気持ちは微塵もなかった。華子は、家業を営む子弟が多く通う大学で学んだ。この大学の学友は、親の会社を承継するのが当然のように皆考えていた。華子は、この大学選びも「父親の深慮遠謀だったか」と今では思っている。

華子は、千田コスメ社に入社後製品の梱包や配送などの作業部門、原料の知識・レシピ作成や基礎化粧品の製造を行う製造部門で働き、千田コスメ社の業務内容を経験し把握するようになった。また、千田コスメ社の強みである植物から有効成分を抽出する技術についても習得している。財務や経理については、顧問税理士から会社の会計知識を学んだ。ここ10年近くは、社長から自由に業務を任せてもらい、自分が営業活動や対外活動も積極的に行うことになった。外部で営業活動を行っているとき、父親のことが話題になることもたびたびあった。華子は、父親がこの業界でそれなりの地位を築いていたことを少し誇らしく感じた。

華子は、異業種交流や商工会議所などの社外活動も積極的に参加するように
なると、仲間や友人ができ、一人で悩むこともなくなり、解決方法を教えても
らうようにもなった。業界の協会活動にも積極的に参加し、協会の役員や理事
を務めるようになったことで、業界における経営層とも親しくなることができ
た。華子は、父親からの人脈の承継でなく、自分の人脈を自ら構築してきたと
自負している。自ら公私に役立つ人脈を築くには、経験上5〜10年は必要で
ある、と考えている。

松下華子の入社以降の活動

●作業部門（製品の梱包、配送など）

●製造部門（レシピ作成や基礎化粧品の製造）

●技術部門（植物から有効成分を抽出）

●財務や経理（顧問税理士から会社の会計知識を学ぶ）

●対外活動（営業活動など）　→外部人脈形成

　父親は、長らくトップダウンで経営してきており、自立できる幹部が育成さ
れていない。華子はこの人材不足が当社の大きな課題と捉えている。華子は、
会社を大きく利益が出る体質の会社に育成していくには、人材が極めて重要で
あることを認識しており、そのためには幹部を育成する必要があることを痛切
に感じている。事業承継後には、山本五十六の「やってみせ、言って聞かせ
て、させてみせ、ほめてやらねば、人は動かじ」をモットーに幹部人材を育て
るつもりだ。

　華子は千田コスメ社に長く勤めており、ここ数年は父親の体調がすぐれない
ことから千田コスメ社のNO.2として実質的に経営してきた。自分が千田コス
メ社を承継することには、社員の反発もないと思っている。また、千田コスメ
社の企業文化や課題も熟知しており、自分なら円滑に千田コスメ社を承継でき
る。千田コスメ社の業績もコロナ禍で数億円を切るようになり、パートも含め
た社員も10人弱となっているので、早急な立て直しが必要であると強く感じ
ている。

　華子は、事業承継を意識することになったので、加盟している団体のコー
ディネーターと協議しながら、当社の将来の姿を「経営デザインシート」[**付録**

当社の将来の姿を明示する

↓

チームの一体化

↓

新たな商品／役務

↓

売上拡大へ

2-5]にまとめ、10年後の当社の姿を考えた。

　「経営デザインシート」を検討作成する中で、将来的には自社の強みを活かし他分野への進出や海外進出も視野に入れ、社員が「夢を持てるような企業」にしていきたいと強く感じている。そして、絶対に実現化することを心の中で誓った。そのために、ここ数年以内に自社の強みであるOEMで培った製造ノウハウを活かした個々の顧客に合わせた基礎化粧品を提供するサービスを実施したいと計画している。この計画によれば、顧客は現在のBtoBからBtoCへ拡大していくこととなり、モノからコトへの新分野展開や顧客層の見直しも必須となることから、人材育成がより重要になると考えている。このような施策を実行することで、当社の黒字体質を早急に構築し、最新の生産設備の投資を行い、生産性を高めていきたいと考えている。

　華子は、今までは当社の将来像をぼんやりと空想していたが、その将来像を社員に示すことはなかった。この「経営デザインシート」を作成したのち、当社の目指すべき方向を社員に示すべきであると強く感じている。

　華子は、事業承継した際には「経営デザインシート」にまとめた千田コスメ社の"将来の姿"を社員に示し、チーム一丸となって目標達成に突き進むようリーダーシップを発揮するつもりでいる。社内人材の育成や社外から幹部社員を採用することで社員の能力（社員力）を高めて、将来的にはボトムアップ経営を実現しようと考えている。また、華子が中心となって進めてきた「産官学の連携」をもっと積極的に拡大していきたい。

　現在の千田コスメ社の状況はコロナ禍で苦しい状況にはあるが、そのために

図4-5 経営デザインシート

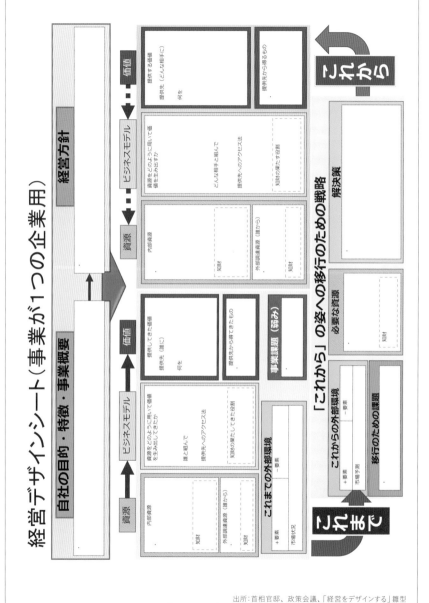

出所：首相官邸、政策会議、「経営をデザインする」雛型
https://www.kantei.go.jp/jp/singi/titeki2/keiei_design/siryou3.pdf

も経営者は“将来の会社の姿”を描き、社員に示し、社員が千田コスメ社での働きがいを感じて“社員力”を発揮できる環境を整える必要があると強く思った。

華子は、千田コスメ社を承継したあとに「経営デザインシート」にまとめた当社の“将来の姿”が実現化していることを想像している。

③ 事業承継直前（現在）の分析

松下華子が事業承継する直前（現在）の状況は、次のとおりです。

承継予定内容	・知らず知らずに培った帝王学。 ・社長（父）の取引先（取引先、銀行等）。 ・植物から有効成分を抽出する技術ノウハウ。 ・基礎化粧品のOEM製造に係る許認可。
強み	・基礎化粧品のOEM製造に特化している。※ニッチ分野で許認可が参入障壁となっている。 ・60年超える業歴を有している。 ・植物から有効成分を抽出する技術ノウハウを所有している。 ・後継者自ら異業種交流、商工会議所の人脈を構築している。 ・後継者が千田コスメ社の業務に精通している（各分野での勤務経験がある）。
弱み	・特定分野・顧客への依存度が高い。 ・長く続いたトップダウン経営により、経営層の人材が不足している。 ・社員が、自社の強みを認識していない。
問題	・自立できる幹部人材が不足している。 ・コロナ禍で売上が減少し、社員も減少している。 ・社員に将来の当社の姿を示していないので、社員のモチベーションが低い。

4-1-2 内部昇格（役員・事業承継）

（1）親族外から昇格した初の社長　中林計測器株式会社（仮名）

① 中林計測器株式会社が属する電気計測器製造業の特徴や動向

「電気計測器」とは、電気量・物理量・化学量などを電気的に計測し、指示・記録・制御する機器を言い、エレクトロニクスや鉄鋼などの幅広い産業で活用され、研究開発・設計・生産・検査などの生産工程で常時使用されるものです。たとえば、電流・電圧・電力測定器、周波数測定器、半導体/IC測定器、回路素子・材料測定器、通信用測定器などがあります。

中林計測器株式会社（以下「中林計測器」）は、これらの電気計測器を製造販売する会社です。

一般社団法人日本電気計測器工業会NEWSRELEASE（2020年12月18日）
https://www.jemima.or.jp/news/file/news_release_20201218.pdf

によれば、2019年度の電気計測器全体（国内売上＋輸出）は、「5G」に関連す

る通信用測定器が堅調な伸びを見せましたが、米中貿易摩擦（輸出規制の強化）の影響、各国での半導体製造装置の需要低下、電力量計のスマートメーターへの切り替え需要の一巡により、5,865億円（前年度比−9.4%）と売り上げが減少しました。特に「半導体・IC測定器、PA計測制御機器、電力量計、環境計測器」は前年度比でマイナスとなっています。

2020〜2024年度の年平均成長率は、「5G」技術搭載の機器やサービスの増加、データセンター関連機器への投資増加、化学・医薬分野での需要が期待され、＋0.7%とほぼ横ばいと予想されています。

電気計測器は、幅広い業種で活用できるので安定的な需要はあり、また、技術進歩に伴って新たな需要が生み出されるので、技術の進歩は市場の拡大につながります。しかし、これらの顧客のニーズに対応するためには、新たな電気計測器を開発する必要があります。そこで、常に顧客ニーズに対応するため、技術者を増員して企業の開発力を向上させる必要があり、技術者育成が重要となってきました。

また、製造業である顧客が日本の少子高齢化による労働力確保の難しさや人件費などの高騰対策として海外に生産拠点を持つ傾向が強くなっており、電気計測器製造業も海外展開が必要となってきています。

②承継ストーリー

渡辺和彦（仮名）は、「経営デザインシート」を作成しながら、中林計測器（以下「中林計測器」）の「将来の姿」を構想していた。コロナ禍で社会環境が厳しくなるにつれ「外部環境」、「事業課題」や「これまで」のビジネスモデルから「これから」のビジネスモデルへの「移行戦略」をたびたび書き直している。渡辺は、中林計測器の「将来の姿（これから）」を構想することは、社長の特権であり、責務と考えている。

渡辺は「経営デザインシート」を作成しながら、ふと入社から現在までに至る過程を思い出していた。入社から30年で思

いがけず社長にまで上り詰めている。渡辺は20歳で入社し、製造部門や営業部門を経験しながら、順調に昇進してきた。30歳で管理職に、40歳では取締役に就任し、それから10年で4代目の社長に就任。前社長は60代半ばであり、まだまだ社長を続けるものと思っていたので、社長就任の内示は意外であった。社長の内示を受けてから数か月後に新社長に就任している。

　初代から3代目までは、創業者関係の者が社長に就任しており、渡辺は創業関係者以外で社員から初めて社長に就任した。そのため、社員の期待の大きさをひしひしと感じている。

　渡辺は、30歳になった頃、当時の社長から将来取締役になるかもしれないから、中林計測器の株を購入するよう促されたので、「取締役にはなるかな」と漠然とは思っていた。社長就任時には、中林計測器の第2株主となっている。また、第1株主は社長に議決権をすべて委任することになっているので、社長が過半数の議決権を確保したことになる。

渡辺和彦社長の経歴

20歳で中林計測器に入社（製造部門、営業部門）

30歳で管理職（営業部門）、中林計測器の株式の購入を開始

40歳で営業担当取締役就任

50歳で中林計測器の4代目社長就任

　中林計測器は、電気機械製造会社の技術者が1970年に創業した計測機器の製造会社である。今では、既に半世紀を超えている。

　前社長は、大手電気機械製造会社の技術者であった。3代目に就任すると大手企業の経験を活かして即座に数々の施策を実施した。たとえば、経営理念や品質基準を作成した。また、経営状況はすべて全社員に可視化し、社員に経営知識を身に着けさせるような取り組みも行った。渡辺は財務知識をこの施策で身に着けたが、社長になってから実務経験を積みながら財務の実務力を身に着けたと思っている。

　また、前社長は部門ごとに1年の達成すべき販売額、利益額、新製品の上市などの目標を立案させ、半年後に進捗状況を確認しながら、残りの半年の取り組みを指示した。これらは各自に対し、数字の責任を持たせるとともに

PDCAサイクルのマネジメント力を身に着けさせることになった。この教育は、コロナ禍では大いに役立っている。

　渡辺は、前社長が前述したような中小企業としては先駆的な取り組みを行って会社の基礎を作ったものと考えている。渡辺は、経営者としての心構えをはじめ経営実務などを前社長から身に着けさせてもらったと深く感謝している。

前社長の施策
- ・経営理念や品質基準を作成
- ・経営状況の全従業員への可視化
- ・各部門、各人の単年度ごとの目標を作成
- →半年後に進捗状況の確認と残りの半年の業務指示

　また、渡辺は、基本的には経営理念、組織体制や管理システムをそのまま承継している。人事体制は、次期社長候補として経験を積ませるため、若手を抜擢し取締役を2名追加した。これは、渡辺が「経営デザインシート」を作成しながら今後の中林計測器の将来を考えると、社員に責任のある地位を与えることで経営者として育成していく必要性を感じたからである。自分がワンマン体制とならないように、合議制へ切り替えるための施策の一つでもあった。なお、この人事体制は、取締役会の活性化にもつながり、多様な意見が出るようになった。

　渡辺は、30年の社歴があり、会社に必要な人脈は構築していたので、前社長から外部人脈を承継することはなかった。商流（仕入れ〜顧客）についても、社長就任時には把握している。また、渡辺は、取締役時代には、展示会などで面白い製品を見つけると販売代理店となってその製品を販売していたが、結局自社製品でもないので販売意欲に欠け売上などがじり貧状態となっていった。渡辺は、これらの経験から愛着のある自社製品の販売に注力すべきであることを悟った。

　渡辺は、会社の強みが「技術」にあることを理解していたので、社長就任後大学との協業も積極的に行っている。また、中林計測器の技術は、従来から技術者の技能（匠）に頼っていたが、今では技術者が情報を共有することで技術の承継が行われている。さらに、社員には、自社製品の使用現場で顧客の意見

に耳を傾けることで顧客ニーズを見つけるように指示している。新規開発製品では、顧客に持ち込んで顧客の評価を聞きながら、新たな製品開発の種を抽出するよう指示した。自社技術を深堀することで中林計測器の強みは、さらに磨きがかかるようになっている。

渡辺の社長就任時には会社の業績も良かった。コロナ禍で売上、利益とも減少傾向となったが社員の報酬面には手を付けずに、逆に増額して社員の働きに応えた。これも渡辺が社員を重視している表れである。

また、今期は売上が過去最高の10億円弱にまで伸びる予定だ。社員数もコロナ禍で数名の退職はあったが、新入社員も入りピーク時と同等ぐらいになっている。

渡辺は、社長就任時に構想していた新社屋が完成し、社員が気持ちよく働ける環境を整備した。渡辺は、作成した「経営デザインシート」の「将来の姿（これから）」を見ながら、次期社長も社員から登用することを考えている。

③ 事業承継時の状況

4代目社長となる渡辺和彦が事業承継したときの状況は次のとおりです。

承継内容	・経営理念、組織体制や管理システム ・経営状況の全従業員への可視化を継続 ・各部門、各人の単年度ごとの目標管理
強み	・会社は50年を超えている。 渡辺和彦の強み ・30年の社内キャリアがあり、会社の業務に精通している。 ・営業経験がある。 ・実質的に株の過半数を所有している。
弱み	・歴代社長のような創業関係者や親族でもない。 ・技術開発部門の経験がない。
問題	・技術者の属人的な技能に頼っていた。

（2）前社長の否定から始める歴代社長　株式会社KASER（仮名）

① 株式会社KASERが属する試験機製造業の特徴や動向

「試験機」とは、様々な材料や製品を引っ張ったり、押したり、ねじったりするなどの物理的負荷を与えたり、温度・湿度や光などの環境による負荷を加え、その負荷に応じた経過や結果（変化）を調べたりする機械です。

試験機は、これらの試験を実施することにより、材料や製品の耐久性や安全

性を数値的に保証することができます。なお、試験機は大別すると材料試験機と環境試験機があり、たとえば、硬度試験機、衝撃試験機、万能試験機、圧縮試験機、接合強度、振動試験機、密着度試験機などがあります。

株式会社KASER（以下「KASER社」）は、これらの試験機を企画・開発・製造販売する会社です。

一般社団法人日本試験機工業会（https://prtimes.jp/main/html/rd/p/000000054.000071640.html）によれば、2019年の販売額は約1,200億円でしたが、2020年の試験機の販売額は約1,000億円と減少しています。

試験機の市場は、景気に左右され、好景気によって研究開発の投資が活発になれば試験機市場も拡大され、不景気で研究開発の投資が減少すれば試験機市場が縮小されます。

また、自動車・航空宇宙・防衛・建設・電力など様々な業界で革新的な技術が生まれると、多段階の試験が実施され、新たな試験機が開発されることになります。したがって、技術の進歩や品質基準の変化などがあれば、市場が活気づきます。

試験機は、安全性を担保する評価ツールであるので、試験機製造会社は顧客から信用・信頼される企業でなければなりません。そのためには、顧客との密接な関係性を構築する必要があります。

なお、中長期的に見れば技術革新が進展されますので、試験機市場は明るいものと考えられます。

② 承継ストーリー

KASER社の社長から呼び出しがかかった。「ついにきたか？」と思った。春川雅弘（仮名）は、気持ちの高まりを抑えながら社長と面談した。KASER社は、「創業者の教え」により、社長は社員から登用することになっている。現社長は60歳代半ばに差し掛かっており、次期社長を指名する時期に思えた。春川は、次期社長候補として、社歴や担当業務の広さなどを考えると、社長を支えた

取締役の自分しかいないように思っていた。そこで、春川は社長からの呼び出しで、「次期社長の内示を受けるかも」と思った。

　春川は、内示を受けてから1年後に7代目社長に就任する。春川は、22歳で技術者として入社し、約30年後の52歳で社長に就任。

　KASER社は、大手電気機器製造業の社員が、1950年代に仲間と設立した試験機の開発製造業者である。既に創業から70年経過し、この分野の研究開発では知られた技術者集団である。

　春川は、社長に就任後改めて面識のない創業者の革新的な考えに感服した。たとえば、当時としては珍しく社員を役職では呼ばず、すべて「○○さん」と呼ぶような風通しの良い社風を作った。また、歴代新社長は、前社長の施策を「否定する」ことから会社経営を開始するのが役割であること、つまり「現状打破」の精神を社長自ら実践することが義務づけられている。このことにより、社員は、現状を肯定するのでなく常に「改革」を考える習性が身に着く。さらに、社長の大きな役割として、次期社長候補を育成し指名する役割がある。

　社長を退任すると、所有していた株を社内持ち株会に売却する仕組みを作り、全取締役で全社の株の三分の二強を所有する規則を作っている。また、前社長は退任後数年間顧問として会社に残るが、会社経営には口をはさまず社長の良き相談者という立場になる。これも前社長の施策を否定することを徹底するための施策である。

創業者の教え

・社長は社員から登用　→次期社長候補の育成義務

・役職でなく「○○さん」と呼ぶ風通しの良い社風

・新社長は前社長の施策の否定から経営開始

　　→現状打破（改革）

　歴代の社長は、創業者のこのような「想い」に留意しながら、新たな挑戦を義務づけられて経営を行ってきたが、唯一「技術によって社会に貢献する」という経営理念は、承継してきている。

　春川も歴代の社長と同様に、経営理念を承継しながら、自分を指名した前社長の施策の否定から経営を開始した。春川は、社長就任後矢継ぎ早に、人事体

制、就業規則、組織体制、管理体制すべてを刷新した。

　管理畑出身の前社長は、売り上げが減少すると、社員の削減や社員の給料を切り詰める経営スタイルであったが、春川は自社の強みが「研究開発の技術力」であることを認識している。そこで、前社長が徐々に減らしてきた大学や学会への関与を一変させ、積極的に大学や学会へ社員を参加させることにした。このことにより、研究開発における新たな顧客ニーズの取得に役立ち、また大学の先生たちと技術の標準化を担うようになり、技術者の満足感が向上している。

　また、前社長の経営状況に沿った経営（経営状況の悪化で縮小経営を実施）ではなく、社員に投資する施策に思い切って切り替えた。春川は、「企業は"人"に始まり"人"で終わる」との信念のもと、経営は社員に投資するのが最善の策であると考えている。いわゆる、社員への投資は「人財」への投資であり、将来の財産形成につながるものと確信している。人事評価制度も加点主義に一新した。特に技術開発における「失敗」はなく、「失敗」と思っていてもあとで成果につながったり、「失敗」がノウハウとして蓄積され、あとの研究開発における同じ失敗の可能性を減少することになる。春川は、KASER社の技術開発者には委縮することなく、尖った技術や研究に励んでもらいたいと思っている。

　社長就任後10年で、社員の給料を2倍にすることを目標に掲げ、毎年5〜8％のアップを実行している。今後は、組織体制もピラミッド型から3階層（経営層、リーダー層とスタッフ）ぐらいのフラット型に変更し、働き方についても、案件ごとに「プロジェクト体制」を組んで対応するなどの改革を検討している。これも、創業者から学んだ「現状打破」の精神である。

　春川は、30年に及ぶ社歴によって自社の商流（仕入先〜販売先）を熟知しており、人脈も自ら構築していたので前社長から引き継ぐ必要はなかった。春川は財務経理の知識はあったが、社長就任後に自ら経験することで実務力を得たと思っている。なお、金融機関とは毎月現状報告を兼ねて面談し、良好な関係を築いている。

　春川の社長就任前後で業績を比較すると、コロナ禍であっても売り上げが10億円弱にまで順調に増加しており、利益も拡大している。また、KASER社全体の30名弱のうち数人の博士号取得者がいる。

　春川の目標は会社の規模の追求でなく、社員の生活が良くなることであり、

社員が楽しく仕事をしてもらえる環境づくりにある。これも、春川の信念である「企業は“人”に始まり“人”で終わる」の実践である。

春川雅弘の考え

・企業は“人”に始まり“人”で終わる

　　→人に投資（10年で給料を2倍に）

　　→社員の生活を優先（会社の規模拡大ではない）

　　→社員が楽しく仕事ができる環境づくり

・技術開発では失敗はない　→尖った研究開発を目指す

　春川は、責務の一つである次期社長候補の育成のために、経営状況を全社員に公開しており、リーダー層には経営の基礎を学んでほしいと願っている。また、若手社員を取締役会や金融機関との面談に同席させている。このような経験を積むことが管理職へ、経営層への育成につながると考えている。

　春川は、営業と技術のリーダーには、KASER社全体の将来を考えてもらうため、10年後のKASER社の姿を構想させるため、「経営デザインシート」を作成させた。「経営デザインシート」の作成により、彼らが、将来の会社の姿をイメージしながら、経営全体を考える良い機会であると考えた。これも、将来の社長候補としての見極めの材料となると思っている。

　目下の課題は、社員にハングリーさ（貪欲さ）がなくなってきていることであり、原点回帰の必要性を感じている。そこで、創業者の子息に非常勤取締役に就任してもらい、創業者がいかに財務、人材採用、社会の影響に苦労して会社を創業し、経営を行ってきたかを社員に語ってもらっている。

③事業承継時の状況

　7代目社長となる春川雅弘が事業承継したときの状況は次のとおりです。

承継内容	・創業者の想いや社風 ・現状打破の精神 ・経営理念（技術によって社会に貢献する）
強み	・会社は70年を超え、試験機製造業として一定の知名度がある。 ・春川雅弘の強みとして、30年の社内キャリアがあり、会社の業務に精通している。
弱み	・研究開発者の委縮（失敗への恐れ） ・大学や学会への関与を薄め、研究開発者のやる気が減少。
問題	・売上の減少で社員の削減や社員の給料を切り詰める経営スタイル（縮小経営）

（3）内部承継者に代表印を渡さなかった創業社長夫人　瑞穂光学工業株式会社（仮名）

① 瑞穂光学工業株式会社が属する計量・計測機器製造業界の特徴や動向

　「計量・計測」とは、物理量、工業量等の様々な数値を表すことのできる事象や物象の状態の量を測ることを言います。物象の状態の量を測る計測器は、エレクトロニクス産業をはじめ、鉄鋼、化学、電力、食品などの広範囲な業種において、生産システムの監視、制御、品質検査、研究開発など、多種多様な用途に利用されており、我が国のあらゆる産業の基礎を築く機器という意味で「産業のマザーツール」と言われています。

　日本分析機器工業会のホームページによると、日本の分析機器（計量・計測機器含む）の市場規模は、2,162億円（2020年）です。

　計測機器は、多品種少量生産品が多く、労働集約的な組立・調整工程もあり、特定分野において高い技術レベルの維持、確保があれば、中小企業も大企業とともに業界での棲み分けが可能です。実際に、中小企業の中には、大手企業をスピンアウトした等のベンチャー企業が数多く存在しています。

　近年、デジタル技術を筆頭とする技術革新により成長機会を享受する産業分野、企業がある一方、技術革新により製品を代替され衰退する産業分野、企業も散見されます。

　特定分野、特定ユーザーに特化して事業を展開している中小企業は、省力化・システム化などユーザーニーズの多様化、高度化の要求にいつでも対応できるよう、平素より技術開発、製品開発に取り組むと同時に、ユーザーの属する産業分野の動向に常に注意を払い、コア技術を活かした他分野展開にも取り組む必要があります。

　（株式会社きんざい「第14次業種別業界審査事典」5102　計量・計測機器製造業より一部引用、一部改編）

②承継ストーリー

　「社長を引き受けてくれ」ある日、唐突に先代社長からそう切り出された。

　2010年の暮れも押し詰まった頃である。開発担当取締役の佐藤正雄（仮名）は、先代社長と同じ大学の出身であることが縁で瑞穂光学工業株式会社（以下「瑞穂光学」）に入社してから30年が過ぎていた。「長男の田中総務部長（仮名）に承継されてはいかがですか？」厄介事を背負い込みたくないとの思いから、佐藤は先代社長にそう問い返した。先に社長引継ぎを打診された中山常務取締役が辞退したことは佐藤の耳にも入っていた。事業承継後創業家との関係で苦労したくなかったのが辞退の理由だと思う。「やはり田中総務部長に承継されるのが良いと思います」そう繰り返す佐藤に、長い沈黙の後、「瑞穂光学を任せられるのは、佐藤、お前しかいない。頼む、引き受けてくれ。」苦悶の表情を浮かべながら先代社長はそう言った。

　田中総務部長は、1994年、28歳で瑞穂光学に入社した。前職は食品メーカーの技術職である。先代社長は、田中総務部長を次期社長に育てようと社内のすべての部署を経験させたが、先代社長の思うようには育たなかった。特に社員に対し居丈高にふるまう態度が、社員を大切にする思いの強かった先代社長には許せなかったようである。

　佐藤に事業承継を求めたとき、先代社長は72歳だった。まだまだ老け込む年齢ではなかったが、幸いリーマンショックの影響もなく社業が順調で財務面の懸念もない今が承継のタイミングと思い定めたようである。田中総務部長への承継を進言した佐藤ではあったが、居丈高でしかも経営の才の無い田中総務部長が承継したら、瑞穂光学がガタガタになることは容易に想像できた。少なからぬ社員が「田中総務部長が社長になったら会社を辞める」と漏らしていた。「最悪、社員やその家族を路頭に迷わせてしまうかもしれない」そんな想像が佐藤に気の重い決断をさせた。

　瑞穂光学は、1971年に先代社長が創業した検査装置メーカーである。中堅の民生用電気機器メーカーであったキューエムデー電気株式会社（仮名：以下「キューエムデー」）が倒産した際、検査装置事業部門に所属していた先代社長が仲間12人と事業を引き継ぐ形で瑞穂光学を設立した。瑞穂光学の基盤技術は光学技術である。先代社長は、創業以来、カメラ分野、FPD等映像分野、プリンタなど様々な産業機器分野の顧客向けに検査装置を開発したが、最終的に

キューエムデーから引き継いだカメラメーカー向け光学系検査装置が主力事業として残っていた。

　カメラメーカーは、年に二回新製品を出すが、その度に新たな検査装置が必要になる。先代社長は、光学技術全般に対する知見を武器に常に要求仕様にプラス a の付加機能を顧客に提案した。提案することで顧客の設計・開発部門から機微な技術情報を獲得できたのである。獲得した技術情報がさらに新たな提案を生み、いつしか国内大手カメラメーカーすべてから「提案の瑞穂光学」との評価を得るようになった。カメラの国内市場規模がピークであった 2008 年には売上高 7 億円、社員数 30 名のニッチトップ企業になっていた。

佐藤正雄が承継する頃の瑞穂光学の状況

・社員数 30 名

・売上高 7 億円

・顧客の要求仕様に＋ a の付加機能を提案

・機微な技術情報を獲得

→「提案の瑞穂光学」との評価

　佐藤が事業承継を決めた際、社員持ち株制度の創設を先代社長にお願いして承諾を得た。創業家の意向に左右されずに社員の代表として安定した経営をできるようにしたいとの思いからである。しかし、自社株を購入する社員は思いのほか少なく、佐藤を含む 5 名の社員が全株式の 20%を、残りの株式を創業社長夫人が 50%、田中総務部長が 20%、他の親族が 10%を保有することで決着した。

　リーマンショックの影響もなく順調な業況の中、代表取締役社長となった佐藤であったが 3 年後の 2014 年には売上が半減する未曽有の事態に追い込まれた。2005 年頃から普及し始めたスマートフォンが 2011 年には爆発的に普及したことにより 2014 年にはカメラ市場が 2008 年のピークから 60%減少する状況となったためである。佐藤は社長就任後、顧客の開発部門長や調達部門長に社長就任の挨拶に出向いていたが、先代社長から引き継いだ人脈を頼って何とかなる状況ではなかった。しかも、瑞穂光学の技術力、提案力が明らかに落ちていた。デジタルカメラがブラックボックス化してカメラメーカーが機微な

技術情報を出さなくなったことに加え、競合に特許をおさえられ新たな顧客ニーズに技術対応できなかったことが原因である。

　会長として月一回の経営会議に出席していた先代社長は、「外部環境のせいなのでしょうがない、それより、新しいものを創れ」と励ましてくれた。

　佐藤と同年代の営業部長と開発部長は、新しいものを創る必要性は認めながらも、「カメラメーカーも生き残りをかけて新製品を開発してくるだろうからその動きを待とう」との受け身の姿勢である。カメラメーカーと二人三脚で発展してきた瑞穂光学経営幹部には、いつしか、カメラメーカーへの依存体質がどっぷり染みついていたのである。

　2013年、佐藤は、中堅社員を営業部長と開発部長に抜擢し、彼らと1年をかけて新事業の検討を行った。その結果、瑞穂光学の強みである技術が活用できる新事業として、日本の基幹産業である自動車分野向けに車載用カメラモニターシステム試験装置の開発と国際連合欧州経済委員会　規則UN－R46の04シリーズ改正に基づく第三者認証サービスの事業化に取り組むことを決断した。車載用カメラメーカーとは既に一部取引があり、試験装置と第三者認証のニーズも確認している。問題は、製品開発に少なくとも1年、第三社認証サービスの事業化に少なくとも3年はかかることであった。

　2013年、瑞穂光学は創業以来、初の経常赤字に転落する。2014年は、さらに赤字幅が拡大した。車載用カメラモニターシステム試験装置の開発は進めていたが製品化には至っていなかった。このままでは、雇用が維持できない。佐藤は、潤沢な内部留保を活用するか、金融機関から短期融資を受けるかして新事業が立ち上がるまで雇用を維持したかった。しかし、創業社長夫人は頑なに反対した。会社経理全般を管理し代表者印を握って離さない創業社長夫人には逆らえなかった。

　可能な限り雇用を維持したかった佐藤は、リストラではなく大幅賃金カットを決断したが、その結果、優秀な若手社員が何人もやめていった。2015年が佐藤にとって一番厳しい時期であった。幸いだったのは、大幅賃金

カットや人事の一新など社員にとって厳しい諸施策をとったにもかかわらず、社内がささくれることがなかったことである。創業社長の「社員を大切にする態度」「技術志向で情実の無い社内運営」を佐藤も心掛けてきたためか、古参社員をはじめ、残った全社員が一丸となって新事業の立ち上げに取り組んでくれた。おかげで、2016年には車載用カメラモニターシステム試験装置の製品化に成功、2017年には国内向けに第三者認証サービスを開始することができた。

　その後、新事業が順調に拡大したことにより2021年には、売上5億円、社員数28名にまで業況が回復している。また、2021年に瑞穂光学として初めて中期事業計画を策定し、若手営業課長をリーダーに自動車産業分野向けの事業プロジェクトを新たに立ち上げた。2030年には既存事業と新事業で年商10億円を目指す計画である。

　創業社長夫人は、老齢から実務が難しくなり出社することも稀になった。そのため、代表者印は現在、佐藤の手元にある。日常業務に伴う支払いなどは佐藤が決済しているが、金融機関関連の決済は、創業社長夫人の同意が今も必要である。

　佐藤は、現在65歳。70歳までには次の社長にバトンタッチしたいと思っている。創業社長が田中総務部長に事業承継をしなかったことを踏まえれば、次期社長も内部昇格しかないと思う。ただ、創業社長が亡くなった今、息子に会社を継がせたい一心の創業社長夫人をどう説得するかが佐藤にとり最大の経営課題である。

③事業承継時の状況
　2代目社長となる佐藤正雄が事業承継したときの状況は、次のとおりです。

承継内容	・「社員を大切にする態度」 ・「技術志向で情実の無い社内運営」
強み	・会社は50年を超えていた。 ・提案企業として顧客からの信頼を獲得していた。 ・佐藤正雄の強みとして、30年を超える社歴があり、社内業務に精通していた。
弱み	・創業家一族が株式の80%を所有している。 ・金融機関関連の決済は、創業社長夫人の同意が必要。
問題	・創業家との関係（創業者の奥様が創業者の子息の社長就任に固執）。 ・カメラメーカーへの依存体質。

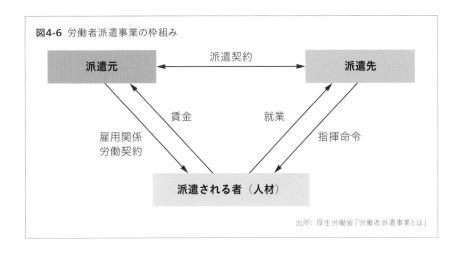

図4-6 労働者派遣事業の枠組み

派遣元 ← 派遣契約 → 派遣先

賃金　　　就業

雇用関係
労働契約　　　　　指揮命令

派遣される者（人材）

(4) 転職後半年間会社の問題点を指摘し、改善策を提案した社長

　レインボーネット株式会社（仮名）

① レインボーネット株式会社の属する「IT人材派遣業」の特徴や動向

　レインボーネット株式会社（以下「レインボーネット」）が属する人材派遣業は、「労働者派遣法」に規定された事業です。派遣される者が雇用契約を結ぶ会社と実際に仕事をする会社が別であるという特徴があります。派遣元・派遣先と派遣される者（労働者：人材）とは**図4-6**に示す関係があります。

　派遣契約には「登録型派遣」と「常用型派遣」があり、「登録型派遣」は派遣元との間で有期雇用契約を締結し、「常用型派遣」は派遣元との間で無期雇用契約を締結するものです。

　労働者派遣法は、平成27年9月に改正され、特定労働者派遣事業と一般労働者派遣事業の区別がなくなり、すべての労働派遣事業は「許可制」となりました。

　人材派遣業の売上規模は、2019年度で78,689億円（対前年比23.3%増）です（経営情報出版社「業種別業界情報2022年版」）。厚生労働省の「労働者派遣事業報告書」によれば、2019年度で事業所数は28,914事業所であり、派遣労働者数は、6,187,007人です。

　IT人材派遣では、一般的に「常用型派遣」が多く、派遣元と無期雇用契約を締結しているので、派遣先がなくても給与は派遣元から支払われます。大手

ITベンダーがシステム開発案件を受注すると、顧客企業にIT技術者を派遣してシステムを構築するというスタイルが増えています。その派遣技術者を、自社以外に下請け、孫請けの技術者としても利用します。

　ITの需要はこれからも伸び続け、政府の試算によると2020年で約31万人、2030年には約79万人のIT技術者が不足するとされており、業界としては成長が期待されます。

② 承継ストーリー

　礒田昭夫 (仮名) は、このレインボーネットへの転職は失敗だったと後悔していた。システム関係の会社を数社経験し、最後に15年間勤めた外資系の大手企業ではシステム部の部長にまで昇進している。仕事にもやりがいがあったが、親会社との方針の違いから自ら会社を去る決断を下した。1年間ほどIT関係の個人コンサルタント業を経た後、サラリーマンに復帰しようと転職サイトを通じてこの会社を選んだ。社員20名あまりの小さな会社だったが、システム関係の新規事業を立ち上げてほしいという社長の言葉が決め手となった。ところが、入社してみると、とてもではないが新規事業を行えるような会社の実情ではないことがわかった。

　レインボーネットは、大手電機メーカーに勤めていた社長が定年退職を機に60歳で創業した。ものづくりに思い入れがあり、サラリーマン時代に培った中国の人脈を活用し、中国に進出する日本企業を応援するために、中国進出のコンサルタントや現地の部品調達を行う会社として創立した。当時は中国資本も入っており、中国人社員も多くいたが、リーマンショックなどを経て中国企業との資本関係がなくなり、中国人社員は帰国した。

　その後、社長の人脈で中国の企業集団とつながり、日本国内向けに部品の販売を行っている (プロダクツ事業)。一方、設立まもなく現在の副社長 (現在55歳) が入社し、システムエンジニアを企業に派遣する事業を開始している (IT事業)。

　副社長の前職はシステム開発会社の営業で、IT関連の人的ネットワークを持っていたので、大手ITベンダーからシステムエンジニア派遣の仕事を取ってくることができている。プロダクツ事業の売上は、全体売上2億円程度の約4割だが、顧客は古くから付き合いのある1社のみで、特殊な部材について社長が一人で受発注を行っている。残りの6割の売上がIT事業で、20人ほ

といる社員は全員ITエンジニアとしてIT事業に関わっている。その多くは派遣先で仕事を行っており、社員といいながらもレインボーネットに対する帰属意識は希薄である。また、取ってくる仕事は大手ITベンダーの2次・3次下請けが多く、利益率も低い。そこで、自社でシステム開発を行うことにより会社を発展させることを考え、その新規事業を進める人材として礒田昭夫が採用された。

礒田昭夫が入社した頃のレインボーネットの状況
- 売上：2億円
  - プロダクツ事業：8千万円
  - IT事業1億2千万円（派遣事業で2次3次の下請け）
- 社員数：20数名
- 今後の方向性：自社でシステム開発
- 課題：会社に対する帰属意識が希薄

　入社して社長から「好きなように新規事業を計画してくれ」と言われたものの、社内の実態を調べれば調べるほどとても新しい事業を起こせるような状況でないことがわかった。ITエンジニアが多くいても、会社としてのIT技術の蓄積はなく、受注してからその仕事に合った社員を募集して、自社には一度も出社させないまま派遣させているような実態で、社員間の交流や社員教育の制度もない。新規事業の計画を立てるにしても立て

ようがないので、入社から半年間毎日のように社長に対して会社の問題点とその改善策についてメールを出し続けた。
　そんなある日、社長から呼び出しを受けた。「これはクビかな」と覚悟して社長の席に行くと、「あれだけ会社の問題点を把握して改善策も持っているのなら君が社長をやらないか？」という思いがけない言葉を掛けられた。社長も77歳となっており、事業承継を考えていたが、自分の人脈だけで続けているプロダクツ事業は承継できないと考え、IT事業をさらに発展させたうえで副

社長への承継か外部への事業売却を考えていた。

　ところが、礒田の様々な提言を聞いて、礒田にならこの会社の将来を任せられると考えた。この申し出を受けて礒田は大いに悩んだ。たしかにいろいろ問題点の多い会社ではあるが、その対策について様々な方策を検討し社長に提言している。そうした改革が実を結べば新規事業も可能になるだろう。しかし、事業承継するには株式を買い取る必要があり、2,000万円程度必要だ。

　礒田は、悩んだあげくこの申し出を受けることにした。株式購入資金は会社からの借入という形にし、株式は前社長、副社長と三分の一ずつ所有し、1株だけ自分の持ち分を多くした。創業時からの借入金が残っており、金融機関との関係を考慮して、前社長には会長として残ってもらうことにした。プロダクツ事業も会長にお願いしているが、一人社員をサポートに付け、徐々に引き継いでいくことを考えている。この事業を発展させるか集約するかは後々考えることにした。

　新社長に就任してから2年間で様々な改革に取り組んだ。まず、社員の帰属意識を高めるために定期的に全社会議を開き、全社員が顔を合わせる機会を設け、社長の思いや会社の方針を伝えるようにした。また、社員それぞれの持つ技術が共有できるように、オンラインによるグループ勉強会を毎週行うようにした。社内で人材育成する仕組みも作り、IT以外の分野から転職してきた人材を半年で現場デビューさせることにも成功した。これまでは社長と副社長以外の社員は全員平社員だったが、優秀な社員3名を将来の幹部候補として外部の研修にも参加させるようにした。そうした効果もあり、現場の社員の実力が認められるようになり、それまでは元請けの会社の名刺を使わされていたのが、レインボーネットの名刺が使えるようになった。それにより現場の社員を通じて新たな受注も得られるようになってきている。年齢の近い副社長は礒田の方針に対して文句を言うことも多いが、決して足を引っ張るようなことはなく、会社を発展させようという思いは一緒のようで助かっている。

　転職当初はとても無理だと思われた新規事業も、あと少しで実現が可能なところにまでレインボーネットは変わったという手応えが感じられるようになってきた。転職を後悔していた礒田だが、今では社長を引き受けて良かったと心から思っている。

③ 事業承継時の状況

　2代目社長となる礒田昭夫が事業承継したときの状況は、次のとおりです。

承継内容	・事業（プロダクツ事業とIT事業）の承継
強み	・社長に中国人脈があった。 ・副社長はIT関連の人的ネットワークがあった。 ・礒田はIT分野に精通していた。
弱み	・プロダクツ事業は社長一人で業務を遂行。 ・社員のレインボーネットに対する帰属意識の希薄さ。 ・社員間の交流や社員教育の制度がない。 ・社長が77歳の高齢。 ・創業時からの借入金。
問題	・大手ITベンダーの下請けが多く、利益率が低い。 ・株式の買い取り。 ・システム関係の新規事業を立ち上げるための、IT技術の蓄積がない。

4-1-3　社外への引継ぎ（M&A）

（1）高齢により会社を売却した創業社長　株式会社丸角商事（仮名）

① 株式会社丸角商事が属する建築材料の卸・小売業の特徴や動向

　「建築材料卸・小売業」とは、木材・セメント・板ガラスなど建築物に関係する材料を卸売りまたは小売りする業種です。

　株式会社丸角商事（以下「丸角商事」）は、化学・電気素材メーカーの販売代理店となって、たとえば、板ガラス、セメント、建物の塗装剤や高性能フィルムシート（断熱、電磁波防止、UVカットのフィルム）など多数の建築材料を備えており、これらの商品を顧客に販売し、施工しています。

　リスクモンスター株式会社「建築材料、鉱物・金属材料等卸売業」（https://www.riskmonster.co.jp/study/report/pdf/industryreport202008_02.pdf）によれば、建築材料卸売業の販売額は、2018年で約18兆円でしたが、消費低迷や建設需要の低下などで売上の減少傾向が続くと予想されています。

　このような環境で、売上を維持・拡大するためには、顧客の困り事に対する解決策の提案など、積極的に顧客との密接な関係性を構築することが必要となっています。

　なお、この業界では、建築着工件数やリフォーム需要などの影響を受けやすく、景気の波に左右されます。またネット販売などの販売チャネルの拡充も必要となっています。

②売却ストーリー

「自分も歳をとったなぁ」としみじみ感じた。創業社長の角田洋一（仮名）は、夕涼みをしながら晩酌をしていた。酒量は若い頃に比べてめっきり減った。酔いも手伝って、創業を決意したことを懐かしく、思い出している。

そういえば、あのときも今日と同じように晩酌しながら「定年後の人生を考えていたなぁ」と走馬灯のように当時のことを次々と思い返した。「まだまだ現役でバリバリ働きたい」、「宮仕えは卒業だ」、「男なら一国一城の主になってみるか」と独立することを決意した。「独立するなら余力のあるうちに」と、定年になる前に丸角商事（以下「丸角商事」）を創業した。

自分の経験、知識や人脈を活かして、長年勤務していた大手建築材料の製造会社の販売代理店として創業した。あれから15年、紆余曲折もあったが、何とか当社を維持・継続できている。いくつかの経営危機の場面を思い出しながら、20人の社員の協力で乗り越えることができた。「これも社員に恵まれ、社員の協力の賜物である」ことを痛感していた。

ふと、これからの丸角商事の将来について不安を感じた。自分も70歳を超えており、社員は、「高齢者の社長に対し将来の不安を感じていないだろうか」。いずれ退任の時期はくるとは思っているが、今まであまり真剣に考えてこなかった。角田洋一は、お酒が進むにつれて「これは次世代への引継ぎを検討すべき時期にきている」と強く感じた。

丸角商事の承継者の候補者を考えてみる。「次期社長の候補者は2名かな」。一人は丸角商事で働いている自分の子ども（取締役）、もう一人は社員が候補者である。まずは、子どもに承継するため家族会議を開いた。子どもは乗り気であったが、妻が猛烈に反対した。丸角商事の創業以来、妻は身近で自分を支えてくれていたので、社長業の大変さをよく知っている。妻曰く「子どもに苦労をさせたくない」。そう言われると、無理強いはできない。候補者が1名となった。

候補者である社員について、「社長が務まるか」の視点で考えてみる。社員としては極めて優秀であるが、「社長として社員を引っ張っていくリーダーシップに欠けるのではないか」と自問自答した。こうして、丸角商事を承継する候補者がいなくなった。

承継候補者検討
　・子ども　→妻の反対
　・社員　→リーダーシップ欠如
　結果：候補者がいなくなった

　他社から社長を引っ張ってくるにしても、自分の身近にはいない。自分が創業した丸角商事は、順調に売上10億円ぐらいまでに達しており、今後も維持発展していくためには、丸角商事を他社に譲渡（売却）するしか方法がない。
　そこで、複数のM&Aの専門企業に相談したが、なかなか良い相手が見つからない。結果的に、M&Aの専門企業では洋一が要望するような企業にはめぐりあわなかったが、M&Aの現状や条件、進め方について多くの知識や現状を知ることができた。
　事業承継を決断してから約3年が経過したとき、大手建築材料会社から販売代理店をしている会社を紹介された。これも一つの縁だと思い、売却交渉を社員の動揺が無いように極秘で進めた。売却候補企業も当社と同様の販売代理店であり、販売する商品の違いがあるものの事業や経営の進め方には親和性があった。

丸角商事の売却への道
・後継者検討　→適当な候補が見つからず
・ヘッドハンティングを検討（身近に候補者がおらず）
・会社の売却へ（M&A専門会社に相談）
　　→適当な候補企業が見つからず
・大手建築材料会社からの紹介　→会社の売却で合意

　角田洋一が提示した売却条件は三つ。

一つ目は、洋一の想いが詰まっている「丸角商事の社名を残す」こと。

二つ目は、創業以来醸成してきた企業理念「明るく誠実に」や「提案営業」という営業方針など、社会に受け入れられている当社のアイデンティティである「企業文化を守る」こと。

三つ目は、社員の雇用を守ること。「社員の雇用を守る」ことができたら、企業文化（知的資産の一つ）を次世代に承継することができると考えた。

売却条件

- 社名を残す　　　→ブランド価値への尊重
- 企業文化を守る　→会社の存在価値を求めた
- 社員の雇用を守る→知的資産の継承につながる

相手先企業にとっても、この三つの譲渡条件を守ることで、社会に受け入れられている丸角商事の存在意義、丸角商事の信用や信頼を引き継ぐことができるので悪い条件ではないと思う。また、建築材料の市場における品ぞろえが増加し、顧客をそのまま引き継ぐことで売り上げが拡大するメリットがある。

さらに、雇用を守ることで社員の動揺や不安感を払しょくして人的資産を引き継ぐことができ、当社の企業文化、仕入先や販売先などの取引先とのネットワークや営業ノウハウなどの知的資産も承継することにつながるので相手先企業にとっても大きなメリットがある。つまり、洋一は、この三つの譲渡条件は、丸角商事と相手先企業にとってWIN-WINの関係にあると考えた。

洋一は、いきなり丸角商事を譲渡してもその後の会社経営がうまくいくか不安があったので、まずは半年間業務提携を行った。互いの会社が相手方の営業紹介などを行いながら、丸角商事の社員がこの半年間で相手先企業の会社を理解するようにした。

会社売却の秘策

相手先企業と「業務提携契約」の締結

→互いに相手先企業を理解する機会

業務提携契約終了後に譲渡契約を締結した。洋一は、締結後すぐに社員を集

め、丸角商事の譲渡を発表する。社員は驚いてはいたが、半年間の業務提携を経ていたので、相手先企業の会社の内容や業務の進め方なども理解しており、大きな動揺はなかった。洋一は、譲渡後2年間は顧問として残り、当社の行く末を見守ることになった。

こうして、丸角商事は創業から約20年、丸角商事の売却を決意してから4年で全株式を手放すことになる。丸角商事の売却が終わってから5年経過する間の歴代の社長は、売却先の社員が就任している。また、丸角商事と売却先企業の子会社との合併はあったが、社名はそのまま残っており、今でも三つの譲渡条件が守られていることに正直ほっとしている。

丸角商事は、売却先が現在も三つの譲渡条件を守っていることは、今まで培ってきた信用や信頼によるブランド価値（知的資産）を認め、社員の提案営業のノウハウ、経営理念に基づく企業文化や取引先とのネットワークなどの社員力（知的資産）を認めているからだと考えている。このことは、自ら丸角商事を創業し、育成してきた洋一の実績が評価されていることであり、洋一は感傷に耽りながら自分の実績を誇りに思った。

今振り返ると、会社売却（事業承継）には結果的に3〜4年かかっており、洋一の年齢からするともっと早く会社売却（事業承継）を検討すべきであった。結果的に良い売却先が見つかったが、社員による後継候補を早く見極め、社長を担える教育を実施すべきであったなど反省点もいろいろある。

角田洋一の反省点
・社長候補を計画的に社内で育成すべきであった
・売却するなら、もっと早く検討すべきであった

丸角商事は、合併による効果もあるが、社員は2倍近くに増え、売上高も拡大している。また、創業時の想いをかけた社名が残り、企業文化がそのまま引き継がれ、社員も退職せずにそのまま勤務している現状に満足するとともに自分の選択に間違いがなかったことを確信している。

③売却（事業承継）時の状況
丸角商事の事業売却時の状況は、次のとおりです。

承継内容	・社名を残すこと（ブランドアイデンティティ）。※丸角商事の信用や信頼を引き継ぐことができた。 ・企業文化「明るく誠実に」を守ること。 ・社員の雇用を守ること。
強み	・提案営業ができた。 ・自社の業務に社員が精通していた。 ・取引先とのネットワークや営業ノウハウなどの知的資産を保有していた。
弱み	・社長が高齢化していた。 ・適切な後継者がいない。
問題	・社員が将来を不安視していると推定した。※結果的に事業承継のタイミングが遅くなった。

（2）事業承継から企業売却した2代目社長　藤沢技研工業株式会社（仮名）

① 藤沢技研工業株式会社が属する工業用プラスチック製品製造業界の特徴や動向

　藤沢技研工業株式会社（以下「藤沢技研」）が属する工業用プラスチック製品製造業界は、主として射出、圧縮などの成型加工により電気機械器具、輸送機械器具・その他工業用プラスチック製品及び同製品の加工品を一貫して製造する事業所などを言います。主な製品は、テレビやラジオなど家電品の筐体、携帯電話の筐体、自動車のバンパー、ダッシュボード、ホイールキャップなどです。

　戦後の高度成長とともに急成長しましたが、近年はアジア諸国から安価な製品が大量に輸入される等厳しい競争の時代を迎えています。バブル崩壊後、長く続いた不況の影響で廃業を強いられたメーカーも少なくありません。

　また、需要先の海外進出が活発で部品を現地調達するケースが増えているため、国内での需要が年々低下する傾向にあります。打開策として、品質の向上や短納期対応、自動車の軽量化に貢献する高機能プラスチック製品の開発等に企業は取り組んでいます。

（株式会社きんざい　第14次業種別業界審査事典　3102　工業用プラスチック製品製造業より一部引用、一部改編）

② 承継及び売却ストーリー

　「これでやっと重圧から解放される」

　会社売却の契約書に押印しながら藤沢技研の社長はそう思った。藤沢次郎（仮名）が2代目社長として藤沢技研を引き継いだのは、4年前、ちょうど入社して10年目の頃である。次郎は高校卒業後、工芸作家を目指して修行していたものの中々芽が出ずにいた。見かねたのだろう。「手先が器用だから」と先代

（創業社長）が藤沢技研への入社を勧め、次郎も工芸に見切りをつけて藤沢技研に入社したのである。28歳だった。次郎には、兄が一人いた。大手顧客向けに新事業所を立ち上げるなど仕事のできる人だったが、先代と経営方針でぶつかり、次郎が入社したときには既に藤沢技研を辞めていた。

「次郎、頼むな」と言い残して先代が亡くなった時、「兄の復帰をサポートしてくれ」なのか、「会社を引き継いでくれ」なのか、真意がわからなかった。結局、母親の決断で次郎が藤沢技研を引き継ぐことになる。

藤沢技研は、50年前に先代が汎用フライス1台から始めた会社である。「できないとは言わない」「早く、きれいに、正確に」が先代の口癖で、発注されてもいないのに試作品を作っては、取引したい企業に日参するような人だった。そのような熱意のお陰で、今の主要顧客との取引が始まっている。その後、藤沢技研は高度成長の波に乗り積極的な設備投資も相まって、名だたる大手事務機メーカーや大手家電メーカーを直接取引先として試作から量産、組立までワンストップで対応する年商20億円、従業員数80名規模の樹脂成型メーカーにまで成長していた。しかし、リーマンショックや超円高による国内市場の縮小、海外生産の拡大などの影響で次郎が事業承継する頃には年商が半分にまで激減している。

次郎は藤沢技研入社後、8年間を製造部門の技術者として、2年間を営業部門の係長として過ごしている。その間、先代とは会社の経営状況について話したことは一度もなかった。経理の勉強をしたことがなかったため、売上半減といわれても、それが経営上どれほど深刻な状況なのかピンとこなかった。そのような次郎であったが、経理の勉強をして過去10年間の経営数値を振り返って初めて状況の深刻さが理解できたのである。

藤沢次郎が藤沢技研を承継した頃の状況

・売上：10億円（ピーク時の半分）

　　※ピーク時は売上20億円、従業員は80名

・樹脂成型メーカー

　　※試作から量産、一部組立までワンストップで対応

・先代社長の口癖：

　　「できないとは言わない」、「早く、きれいに、正確に」

事業承継後は、先代の晩年と同様、古参取締役二人が製造部門と営業部門をそれぞれ統括し、母親が経理部門を統括して会社運営していた。取引先金融機関には社長就任の挨拶に出向いたが、顧客や仕入先等には挨拶に出向くことはなかった。そもそも、社長の業務とはどのようなものか、何をやるべきかがわかっていなかったのである。先代は、仕事にはことのほか厳しかったが社員に楽をさせたいとの気持ちが人一倍強い人で、社員から慕われていた。

　先代が亡くなってから社内がギクシャクし出す。新規顧客開拓のため試作案件でも受注したい営業部門と稼働率最優先で量産案件の受注を求める製造部門が激しく対立した。また、受託加工事業の先細りを見据え幅広い加工技術に加え設計部門を持つ強みを活かして自社製品事業を立ち上げようとの意見も一部経営幹部にはある。しかし、リスクを嫌いあくまで受託加工にこだわる次郎はその意見には反対であった。

　次郎は社長として、知識も経験も不足している自分が独断で決めるより、みんなの意見を聞いた上で判断しようとしたが、「決めるのが社長の仕事」と突き放されることも屢々であった。一方、経営幹部がトップダウン的に進めるケースも出てきた。「これは社長の考えか、経営幹部の方針なのか」と社員から問いただされる等、内部統制上の混乱が無視できなくなる。先代を介してつながっていた社内がばらばらになったと感じた。

　しかし、次郎は何をどうして良いか皆目わからない。思い悩む日々が2年近く続いた。そして漸く経営コンサルタントに相談しようと決心した。経営コンサルタントは、もう一度「創業社長の思い」を基に藤沢技研が再結集するために以下の二つに取り組むよう提案してくれた。

- 創業社長が大切にしてきた言葉を社員にヒアリングしてクレドに纏める。
- 創業から現在までの藤沢技研の歩みを社史（動画）に纏める。

さらに、内部統制を機能させる方策の一つとして「人事評価制度の確立」を提案した。これらの提案を実行したことで先代の「事業にかける思い」と「創業からの苦労」を今になって初めて理解できたと次郎は思う。また、経営幹部に人事評価を丸投

げしていても、先代であれば社長の権威は揺ぎ無く保たれていた。しかし、若輩の自分には、無理だと感じていた次郎は、人事評価のルートが明確になることで社長として認知されることを期待した。

　相変わらず、社内を回って社員に声をかけるようなことはできない次郎であったが、新規顧客開拓に営業担当取締役と出張したり、社長自ら説明員として展示会に参加した。コスト低減策として仕入先の見直しを自ら提案することもした。しかし、業績は思うように回復せず、さらに海外外注先の品質トラブルで大きな損失を出す事態となり、再び思い悩む日々が始まった。社史（動画）を何度も見返した。改めて、自分には先代のような「事業への情熱」も「モノづくりへのこだわり」も「経営の才」もないと思った。「自分が社長のままでは藤沢技研の社員を不幸にするのではないか？」そう思ったとき、「会社売却」という言葉がふと次郎の頭に浮かんだ。

③ 売却（事業承継）時の状況

　2代目社長となった次郎が承継した時点で、次の課題などがありました。

　この課題は次郎が社長時代に解消されず、売却に至りました。

承継内容	・主要顧客 ・有能な幹部社員（製造、営業、経理（母）） ・社員を通して取引先の人脈 ・ポテンシャル（技術等）のある社員（80名） ・承継者の技術者経験（8年）と営業経験（2年）
強み	・優良な顧客 ・設計から製造、一部組立までワンストップ受注可能 ・試作品を用いた提案営業 ・社長（父）の人望（経営理念） ・ポテンシャルを持った営業、技術社員
弱み	・社長（父）のカリスマ頼り経営 ・経営の長期ビジョン不足（リーマンショック後の業績低迷） ・属人的人事評価 ・後継者育成を放置
問題	・社長（父）の経営理念を未継承 ・社長（父）の調整能力を未継承 ・承継者（次男）の経営に対する知識・経験不足 ・リーマンショック以降の業績低迷（国内市場縮小）

(3) 倒産危機の企業を子会社化した大手企業の社長　飯山電気設備株式会社（仮名）

① 飯山電気設備株式会社が子会社化した株式会社戸山電工（仮名）の属する信号装
　　置工事業の特徴や動向

　　飯山電気設備株式会社（以下「飯山電設」）は、製品販売・施工・運用に長けた
企業であり、主に「電気工事」分野（建設工事の「設備工事」）に属します。「電気工
事」は送電線・照明・情報関連機器等の設置や修繕に係る工事を施工します。

　　一方、子会社化された株式会社戸山電工（以下「戸山電工」）は、信号装置工事
業に属します。信号装置工事業は、電気信号機・踏切保安装置・火災報知器・
その他の警報装置に関する工事を施工し、設備工事に含まれます。

　　信号装置メーカーでは日本信号株式会社、株式会社京三製作所や大同信号株
式会社のシェアが高く、信号設置工事では、鉄道と道路での需要が大きい。道
路では、全国に車両用信号灯器と歩行者用灯器を合わせて約230万灯弱があ
ります。このうち半分強がLED信号灯器に切り替わっていますが、まだ半分
弱の市場が存在しており、市場拡大の余地があります。

　　なお、LED信号灯器は、省エネルギーで長寿命であるので、CO_2削減にも
効果があります。

　　火災報知器メーカーでは、能美防災株式会社やホーチキ株式会社のシェアが
高く、消防法の改正や建築物の着工が進めば市場が拡大されます。

　　信号装置工事業や電気工事を含む「設備工事」では材料高の傾向が強く、ま
た労務費や外注費の単価が上昇しており、人材確保が課題となっています。

② 買収ストーリー

　　ある日突然「リーン、リーン」と秘書室の電話が鳴った。飯山電設の社長で
ある佐々木一郎氏（仮名）は、秘書から
所属する（一社）日本電機設備工業協会
（仮名）の牧野会長（仮名）からの電話と
告げられ、受話器を握る。一郎は、
この会長の会社とは取引があるの
で、「何か不祥事があったか？」と最
悪の状況を考えながら会長の発声を
待っていた。

会長は、早速要件を切り出した。「戸山電工を支援してくれないか。」

「どういうことですか？」

「戸山電工の経営がうまく行っておらず、このままでは倒産する可能性がある。あなたも知ってのとおり、戸山電工は重要施設を中心に製品を販売、据付工事、保守・運用と一貫した事業を行っている。倒産するとなると社会的な影響が大きい。そこであなたの会社で支援してほしい」。

　一郎は、少しの時間の猶予を要請して回答を保留し、電話を切った。戸山電工の経営がうまく行っていないことは把握していたが、倒産の危機に至っていることには少し驚いた。

　一郎は、早速法務部門、経営企画部門と技術部門の責任者を集め、極秘裏に戸山電工の支援を実施するか否かを検討すること、また、支援の検討が、外部に漏れると大きな影響があるので、各部門の責任者を中心に最少人数で検討するよう併せて指示した。

　経営企画部門には、支援したときの当社への影響、技術部門には支援する価値（知的資産を含む）があるかの見極め、法務部門には支援する際のプロセスの検討を指示した。

　戸山電工は、電気機械器具製造会社として創設され、主に信号装置分野で自社製品の開発・製造・設置・保守・運用と一気通貫で顧客との関係性を高め、信頼を得ていた会社であり、既に創業から40年弱経過している。戸山電工の顧客は、日本有数の大企業が多く、一定の売り上げは確保されており、重要施設の市場は100億円弱の規模である。大企業が参入するには市場規模として小さく参入する可能性も少ない。また、経営的には、急激な売上の拡大は見込めないが、安定的な売上、利益は見込める。

　飯山電設は、各建物に対する商品（自社製品を含む）の販売、設置、保守、運用を一気通貫で実施する大手企業である。特に保守・運用サービスでは顧客からの信頼が厚く、子会社も多数持っている。飯山電設の子会社と戸山電工は競合関係にあり、顧客である重要施設の市場のトップ2社である。

　戸山電工は、当時売り上げがピーク時の45億円から30億円ぐらいに減少している。戸山電工の社長である鈴木次郎（仮名）は、業界では有名な創業者で社内的にはワンマン経営を実施していた。どちらかといえば、経営より対外活動に熱心であり、人脈は豊富である。

飯山電設の検討チームは、調査の結果、佐々木一郎社長に「支援すべき」と答申した。経営企画部門では、戸山電工の顧客は大企業であり、営業的には自社にとっても新たな顧客開拓の可能性があり、支援に前向きな評価である。また、当社に吸収するよりは子会社として支援し、競合している子会社と競争させたほうが顧客や両者にとって良いとの結論でもある。

　戸山電工は、ニッチ分野ではあるが、特許などの知的財産権を多く保有していた。また、技術者を運用のため現場に駐在させているので、顧客との関係性も良く、現場における技術ノウハウも豊富にある点を技術部門は評価した。なお、戸山電工の技術部門のキーマンは退職していたが、他の技術者はまだ社内に残っていることも評価した。法務部門は、支援する場合の法的リスク、プロセスや監査法人の候補者選定などを行った。

評価結果

経営企画部門　→営業的には当社に貢献

技術部門　　　→知的資産が豊富

　　　　　　　　　　（知的財産権、技術ノウハウなど）

法務部門　　　→法的リスクは、ほぼなし

　一郎は、検討チームの答申を受け、戸山電工を全面的に支援することを決断した。こうして、飯山電設は戸山電工を子会社として支援することになった。

　その後、各部門で戸山電工の経営状況の精査が始まった。そこで、判明したのは、鈴木次郎はワンマン経営でありながら、経営への関与の希薄さによって売り上げがじり貧状態に陥っていること、それに対する施策を何も打っていないこと。いわゆるNO.2が不在であり、実質的に経営の責任を担っている者がいないような状況である。

　社員は、経営悪化の影響を受けて給料などの金銭面から福利厚生まで不満が充満している。それゆえ、社員のモチベーションが下がり、指示待ち族となっており、自立的に業務に励むことはなく、社員の退職が増えていた。

　技術部門では、戸山電工は知的資産を多く所有し、特許を他社にライセンスしていることも判明している。

　飯山電設は、子会社化した戸山電工には、社長と財務経理担当の2名だけ

を送り込んだ。会社は「社会の公器」であることを社員に明示して「社会への貢献」を主要な柱として経営理念を刷新した。

　また、戸山電工の喪失した信用・信頼を取り戻すために、戸山電工の顧客先に同社の社員とともに飯山電設の責任者を同行させた。飯山電設が全面的に支援することを約束することで、戸山電工の顧客を引き留めることができた。

　さらに、指示命令系統を単純化するため、戸山電工の組織を簡素化する見直しを行った。また、社員が安心して戸山電工に残るよう戸山電工の社員から人望のある者をNO.2に抜擢した。この人事は、あくまでも戸山電工の社員による自立を促し、戸山電工の社員による立て直しを図るためのものである。社員が残ることで、従来の取引先や販売先などの商流は、そのまま戸山電工に維持された。

　人事では、やる気のある若手社員の抜擢も行い、経営幹部には戸山電工の経営状況を可視化し説明した。飯山電設から出向した社長は、飯山電設の人脈を使い、戸山電工の営業幹部とともに積極的に新規開拓を実施した。これは徐々に売り上げの成果にあらわれた。

　社員の待遇面では、飯山電設グループの一員として、飯山電設と同じ福利厚生を受けられるように対応している。これらにより、戸山電工の社員は前向きに事業に取り組むようになり、売り上げも徐々に増加し経営が安定してきた。品質管理部門はISO9001を取得している。

実施した施策

・社長と財務経理担当を派遣

・経営理念の刷新（社会への貢献）

・当社支援による戸山電工の信用・信頼の回復

　　→顧客の引き留め

・組織の刷新　→組織のフラット化 ┐

・若手の抜擢、待遇改善　　　　　├ 戸山電工の社員による立て直し

・経営幹部に経営状況の可視化 ┘

　飯山電設は、戸山電工の社長だった鈴木次郎の外部人脈を評価し、戸山電工には一切関与させずに、もっぱら飯山電設の営業拡大に寄与してもらうため飯

山電設の顧問として採用した。

こうして、戸山電工を支援してから10年後には、売上高が50億円規模になり、飯山電設の連結決算に寄与している。戸山電工の地方の事業所も増え、今では社員も100名を超している。

当時の社長であった佐々木一郎は、戸山電工を支援したことが社員の雇用を守り、顧客に満足してもらい、社会に少しは貢献できたことを誇りに思っている。

③買収（事業承継）時の状況

飯山電設が事業承継したときの状況は、次のとおりです。

承継内容	企業の買収 ・従業員の雇用 ・顧客の承継 ・知的資産の承継
強み	・ニッチ市場の重要施設に製品納入、据付工事や保守契約 ・顧客は大企業であり、売上・利益は安定。 ・顧客との関係性が密。 ・現場におけるノウハウがある。 ・知的財産権を多数保有。 ※特許を他社にライセンスしていた。
弱み	・売上がじり貧で倒産の危機 ・社長の経営への意欲欠如 ・社員の待遇面の不満でモチベーションが下がっていた。
問題	・社長のワンマン経営で、経営への関与の希薄さ。 ・売上がじり貧 ・社員のやる気のなさ

4-1-4　事例の整理

前項にて説明したように14社（これから事業承継を実施する株式会社千田コスメを含む）は、事業承継が成功した事例です。

14社の事例について、承継者・承継期間と特徴を下記**図4-7**に整理しました。

図4-7 事例の整理

会社名	承継者	承継期間	特徴			
FSX株式会社	長男	10年以上	大手サービス業経験(営業)	異業種交流会	ブランド重視	技術でイノベーション
関西通信工業株式会社	長男	なし	大手商社経験	会社・顧客理解に3～4年	経営改善に10年	**理念**・人事評価・予算制度導入
株式会社レーザー技研工業	長男	10年以上	大手電機メーカー経験(研究職)	大学校後継者研修	信賞必罰	赤字受注中止、信じて任せる
東山電子株式会社	長女	1年	経理担当で入社	技術古参幹部2名退職	営業は父のみ。会社案内・HP作成	**理念**・ビジョン作成し、浸透
三郷光学株式会社	長男	13年	高卒で入社	製造・営業経験	父は2年間技術アドバイスのみ	付加価値大製品にシフト
横上金属加工株式会社	長女	10年以上	大手企業で財務経理	創業3年で入社。クーデターで社長	顧客第一・優先を承継+社員大切	**理念**を社員に浸透
株式会社千田コスメ	長女	10年以上	大卒入社30年	父病気(承継Must)	配送・製造・技術・財務経理経験	積極的に外部活動
中林計測器株式会社	内部	10年以上	20才入社	製造・営業・管理職・役員	理念/組織/管理承継、熟知初の社内昇格	**理念**・品質基準作成。目標管理を導入
株式会社KASER	内部	30年以上	22才入社(技術)	前社長の方針否定から	**創業者理念**を重視	「人に始まり人で終わる」
瑞穂光学工業株式会社	内部	30年以上	技術担当役員	カメラ依存⇒自動車用光学製品	社員大切・技術志向の継承	先代夫人が実印離さず
レインボーネット株式会社	内部(外部)	0.5年	外資大手システム部長経験	新規事業開拓で入社	入社半年で社長(半年改善提案)	副社長がIT営業
株式会社丸角商事	M&A	4年	70才で承継を検討	長男への承継は家族が反対	同業他社にM&A。残したいものを提示	後継社長の育成をすべきであった
藤沢技研工業株式会社	次男(M&A)	10年	工芸作家を目指す	製造(技術)営業	社長業がわからず。リスクも取らず	兄は父と意見が合わずに早期に退社
飯山電気設備株式会社	M&A	数か月	M&Aの買手	大手重要顧客保有。ニッチで安定	子会社が競合(2社独占)	被買収企業の社長の放漫経営

出所：筆者作成

4-2　INASMAメソッドの事業活動への適用

4-2-1　INASMAメソッドで何ができるの？

　今まで説明してきたように、INASMAメソッドは事業の中身と状況を整理して人に説明しやすくするツール（道具）です。したがって、INASMAメソッドを使えば即座に事業承継ができるというわけではありません。

　では、事業承継を考えたときにINASMAメソッドで何ができるのでしょうか。

　前節4-1で14社の事業承継事例をご紹介しました。ほとんどが結果として後継者の頑張りでうまく事業を継続できた事例です。ここでご紹介した事例は、私たちが実際に企業から許可を得てヒアリングしたものをベースにして創

作（FSX株式会社を除く）したものです。ほかにもたくさんの事例がありますが、うまくいかなかった企業はその後廃業しているか、廃業まで行かなくても大変ご苦労をされている企業ですので、ヒアリングが難しいという事情があります。

そこで、事業承継が結果的にうまくいった企業にも共通してあった課題は何だったのか、また、成功した後継者はその課題をどのようにして乗り越えたのかを見ていきましょう。

そのあとで、もしも（事業で「もしも」はあり得ないのですが）前社長と後継者がINASMAメソッドを知って（使って）いたらどのような展開になったかを考えることで、INASMAメソッドの事業承継への適用についてお話ししていきたいと思います。

14社の事例の承継当時の主な強みと弱みを見てみると**図4-8**のように整理できます。

特徴的なのは、事例各社の強みとしてすべての事例で「顧客」があげられていることです。また、建築材料の卸・小売業の丸角商事を除いて「社員の技術力」をあげています。事業承継が比較的うまくいった企業は先代から結果として優良顧客を引き継いでいることと社内に競争力がある技術を持った社員が残ってくれたと言うことになります。

ところが、個々の事例を見てみると、スムースに優良顧客を引き継げた企業は少数派であることがわかります。また、単に優良顧客をそのまま引き継いだ企業は少数派で、M&Aを除く11社中5社では後継者が顧客の見直しを行って、引き継いだ顧客の中で引き続き取引を続けていく取引先と取引をやめる取引先を選別して対応していることがわかります。

事業承継にあたって、自社の顧客との関係を承継予定者（後継者）に正しく理解してもらうことは、実際にはなかなか難しい作業です。

事例各社の多くが弱みとしてあげていた「経営体制」は、社員力診断の「儲けの仕組み」をチェックすることで何が欠けていたのかが具体的にわかってきます。弱みを分析して対策するためには何をしなければいけないかが明確に示されます。事例の中の多くの企業が「経営体制」の建て直しとして、経営理念の見直しと社内への徹底を行って成功しています。

このようにINASMAメソッドは、商流分析で仕入先から最終ユーザーまで

図4-8 事例各社の主な強み、弱みと成功要因

会社名(仮名)	強み				弱み			成功要因				成果
	顧客	社員の技術力	社員の営業力	社員のやる気	経営体制	社員のやる気	後継者不在	経営体制	社員重視	顧客見直し	新分野（製品）開拓	売上
FSX株式会社	○	○		○	○			○	○	○	○	2.5倍
関西通信工業株式会社	○	○				○		○	○		○	拡大
株式会社レーザー技研工業	○	○				○		○		○	○	途上
東山電子株式会社	○	○				○		○				途上
三郷光学株式会社	○	○						○				拡大
横上金属加工株式会社	○	○	○		○	○		○				回復
株式会社千田コスメ	○	○			○			○				途上
中林計測器株式会社社	○			○				○			○	過去最高
株式会社KASER	○	○						○			○	拡大
瑞穂光学工業株式会社			○ (提案営業)					○				回復
レインボーネット株式会社	○	○			○	○					(○)	途上
株式会社丸角商事	○		○ (提案営業)	○	○		○	○ (M&A)	○			拡大
藤沢技研工業株式会社	○	○	○		○		○ (社長の能力)	○ (M&A)				不明
飯山電気設備株式会社	○	○			○	○	○	○ (M&A)	○			拡大

出所：筆者作成

のサプライチェーンを分析することで、顧客から見た自社の強み・弱みを明らかにし、その強みと弱みの源泉が社内のどこにあるのかを社員力診断があぶり出してくれるのです。

　商流分析・社員力診断を作り上げることが目的ではないことを忘れないでください。つくる過程で、社長は会社を経営してきた道のりと思いを後継者に語ってください。後継者は日頃疑問に思っていたことを社長に聞いてみてください。

　このようなやり取りの中で、将来会社を一層発展させるアイデアがピカッとイナズマのようにひらめくはずです。

以下の項では、いろいろなケースを想定してINASMAメソッドの使い方を詳しく説明していきます。

　一般に、後継者育成には理想としては5〜10年が必要と言われています[**図1-7**]。ここでご紹介した事例でもM&Aを除く11社中8社で後継者の自社での経験が10年以上でした[**図4-7**]。

　もしも70歳での引退・引継ぎをお考えであれば、60歳からその準備を始めなければなりません。不幸にして社長の急死により何の準備もないまま事業承継をせざるをえないケースも世の中には間々あるものです。

　このような極端な事例でなくとも、基礎化粧品製造業の株式会社千田コスメ（仮名）のように社長が80歳を超えて病気がちになってから娘さんが経営引継ぎを考え始めたケースや、株式会社丸角商事（仮名）のように70歳を過ぎてから事業承継を考え始めたが家族の反対で身内に承継できずに、他社に会社を売却（M&A）せざるを得なくなったケースなどがあります。経営者であれば、自分に何かあった場合にも、会社が存続できる最低限のリスク管理は、少し早いと思うくらいの年齢で準備しておくべきです。

（1）価値観の整理

　事業承継時に引き継ぐべきものは「価値観」です。

　つまり、INASMAメソッドの社員力診断の「儲けの仕組み」—「①経営理念」[**図3-3**]です。

　事例の中でも多かったのは、「人を大事に」「物よりも人を大事に」など人を中心としたもの、「顧客の困り事には何でも対応」「顧客第一、顧客優先」「お客を持っているのが強い」など顧客に関するもの、「何でもやってみる」「義理を欠くな」「提案営業」「現状打破」「明るく誠実に」など仕事への態度に関するものから、「レーザー加工技術で日本一」「技術によって社会に貢献する」など技術へのこだわりを示すものまで千差万別です。

　「経営理念」として掲げていなくとも、このように会社経営のよりどころとしている理念を各社ともに持っています。

　現在の社会は変化が激しいので、このような業種や業態が変わっても変わら

ない普遍的な「価値観」こそが、次世代に引き継いでいってもらいたいものではないでしょうか。このような引き継いでもらいたい価値観は、社長の頭の中だけにあるのでは引き継ぐことができません。ぜひとも「経営理念」という言葉に表して、社内はもちろん社外にも宣言をして浸透させてください。

　社内では社長室に飾るだけではなく、毎日の朝礼や年頭の挨拶、業績説明会や日々の営業会議などで触れることにより社内に浸透していき、後継候補者や社員と共有できるようになります。

(2) 商流分析による整理

　事例でも承継者が自社の顧客との関係を把握するのに3〜4年かかった関西通信工業株式会社（仮名）、急な承継で先代の人脈を引き継ぐことができなかったなど、顧客の見直しに苦労された後継者が多く見られます。

　INASMAメソッドの商流分析では、顧客・取引先・協力会社・競合他社をすべて俯瞰できるようにします。

　最初は大変ですが一度作ってしまえば、社内で顧客要求の優先度を決めると

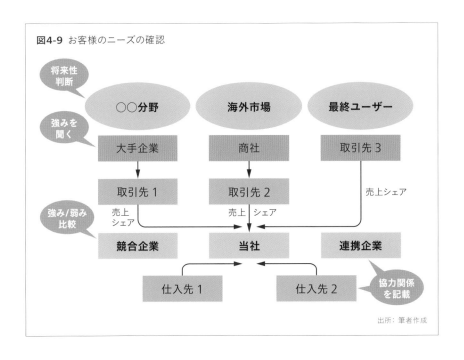

図4-9　お客様のニーズの確認

出所：筆者作成

きに、なぜその顧客を優先しなければならないかを承継候補者を含めた社員と共有することができます。また、承継候補者が会社を支えてくださっている社外関係者を正しく認識する強力なツールとなります。

商流分析では、直接取引先の顧客やエンドユーザーも記載することにより、その顧客の将来の期待度を推し量ることが可能になります。したがって、売上の将来計画や新規顧客開拓の必要性も見えてきます。

別の用途としては、金融機関に融資を申し込む場合に、会社の将来性を客観的に説明する説得力のある道具にもなります。実際に融資先の評価にINASMAメソッドを取り入れている金融機関もあります。

また、M&Aを考えたときにも会社の価値を売り込む強力なツールとなり、適正な価格で会社を売却する助けとなります。

(3) 社員力診断による整理

前述のように、事例各社で継承した強みの2番目は社員の「技術力」です。これを後継者が正しく認識していないと、承継後に大切な技術を持った社員が退社してしまった東山電子株式会社（仮名）のように、大変苦労をされることになります。

INASMAメソッドの社員力診断は、この社員の力と価値を生み出している仕事の仕組みを項目毎に整理して「見える化」しています。

4-2-3 承継した新社長が今後の経営を考えるときの使い方

先代社長が周到な準備をした上で新社長にバトンタッチしていただければ、新社長のやらなければいけないことの三分の一は片付いたことになります。大企業であれば早い時期から幹部候補生を選定して、長い時間を掛けて幹部人財として必要な知識や経験を積めるように育成していきます。

事例をご覧になればおわかりになるように、ほとんどの中小企業ではそのような余裕も人材もありません。事例の中で唯一試験機製造業の株式会社KASER社が、このような社内システムを持っておられました。このようなロイヤルゼリーを食べさせてもらって育った新社長には、就任時に既に自社の状況がすべてわかっていますので、これも新社長のやらなければいけないことの三分の一は片付いているといえます。それでもまだ三分の二が残っています。

一般的な中小企業で新社長が就任直後からやらなければならないことは、大きく分けて次の三つになります。

①自社の現状把握

②自社の経営環境分析

③中長期経営計画の策定

　先ほどから「三分の一は片付いている。」とお話ししていたのは、ここにあげた3項目の内の①自社の現状把握に相当する部分です。

　それでは、次にINASMAメソッドを用いてこの三つの項目をどのように整理していったら良いかをお話しします。

(1) 我が社の現状はどうなっているの?

　これは「①自社の現状把握」のことです。幸運にも既に自社の現状把握は十分にできているという新社長は、頭の整理のつもりでINASMAメソッドの商流分析と社員力診断のフォーマットを埋めてみてください。書いているうちにすべて知っているつもりだったのに、抜けている部分があることに気づかされると思います。そのときはすぐに先代社長や古参幹部に状況を確認して追記してください。INASMAメソッドの商流分析と社員力診断のフォーマットは、自社の現状把握に必須の項目を抜け漏れなく収集するためのツールでもあるのです。また、二つのフォーマットを埋めている過程でピカッとイナズマのように自社の課題がひらめくはずです。

　さて、多くの中小企業がそうであるように、事業承継にあたって先代社長からは断片的な自社情報や顧客情報を聞いているだけの新社長はどうしたら良いのでしょうか。

　「我が社の現状」と言っても、どこから何を調べたら良いのかわからずに、日々の仕事に忙殺されて時間だけが経っていくというのが実態ではないでしょうか。

　前述のように、INASMAメソッドは、自社の現状把握に必須の項目を抜け漏れなく収集するためのツールなので、商流分析と社員力診断のフォーマットにしたがって情報収集を始めてみてはいかがでしょうか。

　順番としては、まずご自身の知っている範囲で商流分析図を作成してみてく

ださい。作成しているときに、この顧客との関係性はどうなっていたか、なぜこの取引先と長年お付き合いしているのか、などいろいろと疑問がわいてくるはずです。このような疑問やわからないことをその場で別のノートなどにメモ書きで残しておいてください。また、商流分析図に出てこない自社の強みや弱み、顧客に気に入られている社員の顔が浮かんでくると思います。これも思い浮かんだそのときにメモとして書いておいてください。

　ここまでできたら、次は疑問点を確認する作業です。

　先代社長にお話を聞ける場合は、是非この機会に時間を掛けて疑問点について伺ってみてください。

　事例の中には半導体製造装置関連業の東山電子株式会社（仮名）のように、承継後は経営に一切口出ししない、アドバイスもしないという先代社長も見受けられます。これはこれで立派な態度であり、承継後にはすべてを後継者に委ねるという覚悟はなかなかできないものです。むしろ逆に引き継いだはずなのに、いつまでも細かいことまで口出ししてくる先代社長の方が多いようです。このような先代社長であっても、新社長が具体的な顧客名をあげてこの顧客との取引が始まったいきさつについて聞かせてほしいと聞かれれば、その当時を振り返っていろいろとお話をしていただけるものです。

　INASMAメソッドを使うメリットは、このような疑問点を具体的な質問に落とし込めるところです。先代社長も一般論で顧客情報について教えてほしいとか、トップ営業の方法を教えてほしいとかいうような質問にはどこから話して良いかわからずに答えにくいものです。

　実は事業承継時に必要な顧客情報は、この具体的な情報なのです。一方でこのような具体的な質問を投げかけてみて、話の糸口がつかめた場合でも先代社長の答えが直球で具体的に返ってくるとは限りません。そのような場合に、先代社長の話を「聞きたいのはそういうことではなくて……」などと言って話を遮らないでください。最後まで話をすべて聞いてください。

　必要なのは具体的な情報と言った前言と矛盾しているように聞こえるかもしれませんが、先代社長が脱線して昔その顧客を初めて訪ねたときの思い出や参入までに苦労した話などを語っていただけるようになったらしめたものです。このような話の中にこそ、トップ営業のノウハウが満載されているのです。

　ここまでお話しすると、勘の良い新社長は気づかれたことと思います。

INASMAメソッドは自社を取り巻く情報収集のツールであると同時に、相手からいろいろな話を引き出すコミュニケーションツールでもあるのです。一度コミュニケーションができるようになれば、作りかけの商流分析図をお二人の前に拡げて一緒に見ながら次の疑問点をお聞きし、商流分析図を完成させてください。

　残念ながら先代社長からお話を聞けない場合には、営業担当の古参幹部社員や営業担当者から話を聞きましょう。それも叶わないときには、長い間顧客の窓口となっていただいている幹部社員の方や調達部門の責任者に直接お話を聞きに行くのも効果的です。

　一度商流分析図が完成したら、自社の強みの源泉である社員力と仕事の仕組みが何かを紐付けながら社員力診断表を埋めていってください。

　社員力診断表を埋める材料は、この段階ではかなりの部分が商流分析の時に作ったメモの中にあるはずです。足りない部分は改めて古参幹部社員や管理職社員に意見を聞いて完成させてください。

(2) 我が社はこのままで大丈夫？

　次は、できあがった商流分析図と社員力診断表を見ながら「②自社の経営環境分析」です。

　分析にあたっては「我が社はこのままで大丈夫なのか？」という観点で分析

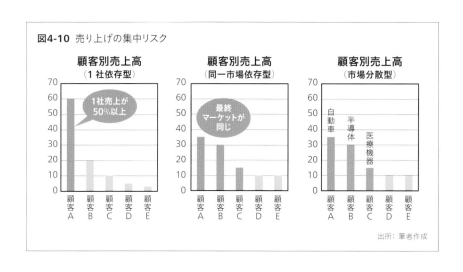

図4-10　売り上げの集中リスク

出所：筆者作成

してください。

　分析の切り口は二つです。

　一つ目は、商流分析図を使った「将来の売上」です。二つ目は、社員力診断表を使った「社内体制」です。

　金融機関などが行っている企業分析は、バランスシート（B／S）と損益計算書（P／L）が中心です。B／SもP／Lも企業業績の過去の結果です。半年から1年以内に会社が潰れるかどうかはわかるかもしれませんが、3年後、5年後の会社がどうなっているかの将来予測はできません。その点でINASMAメソッドは、数年後の会社存亡の予測が可能なことが特徴です。

　商流分析図に記されている主要顧客（一般に全売上の80%を稼ぎ出している顧客をチェックします）に注目します。主要顧客数が特定分野の1〜2社であれば経営リスクは相当高いと思われます。今の世の中は明日何が起こるかわかりにくい時代です。

　最近では新型コロナウイルス感染症のまん延で大手航空会社や旅行会社が大赤字に陥り、飲食業を顧客としていた酒類販売業や高級食材卸業が経営危機に瀕しています。

　今は大変良い商売をさせていただいているとしても、主要顧客数が1〜2社であること自体が会社の将来に危険をはらんでいます。ましてやその2社が納入しているマーケットが同じ（同一市場依存型）であれば、危険度は増幅されます。商流分析図では、顧客の最終マーケットがどこであるかが図の一番上に記載されています［**図Ⅱ-2**］。このマーケットのトレンドや将来性を調べれば、自社が納入している商品や提供サービスの売上が将来どうなっていくかのおおよその予測が可能になります。この情報をもとにして自社が今後も安定して売上を確保していけるのかを判断してください。

　社員力診断からは経営基盤が盤石か、強みの源泉である社員力が将来も維持できるかの予測ができます。

　「儲けの仕組み」は基本的な経営管理体制が整っているかのチェックシートになっています。「外部との人脈力」と「社員の能力」は、自社の強みの源泉となる社員の力が経営に効率よく活用されているかのチェックシートです。

　「外部との人脈力」は社外の関係者との良好な関係が構築できているかのチェックシートです。「社員の能力」は社員の力が社内で組織的に活用されて蓄

積できているかのチェックシートです。「仕事の仕組み」は上記三つの仕組みと力が継続的に維持強化されていく仕掛けになっているかのチェックシートです。

社員力診断表を使って自社の状況を評価し、弱いところを見つけてください。多くの中小企業では各項目で高得点は取れないのが普通なので、点数が悪くてもあまり心配しないでください。ただし、評価点が1または2の項目は今現在大きな問題にはなっていないとしても、将来の経営に悪影響が出てくる可能性が大きいです。

評価点が1の項目が複数ある場合には、その中で現在既に大きな問題の原因になっているかまたはなる可能性が大きいと考えられる項目から、優先順位を付けて対策を考えましょう。点数は低いが現在も将来も自社の経営に影響が少なそうな項目は、とりあえず忘れて優先順位の高いものから手を付けてください。

(3) これから何をしなければならないか

「③中長期経営計画の策定」です。

事例企業の14社中10社が自社の弱みに「経営体制」をあげていました[図4-8]。「経営体制」に問題がある場合には社員力診断の「儲けの仕組み」が低いスコアになっているはずです。M&A以外の事例11社のうち10社が承継後の事業回復・発展の成功要因に経営体制の刷新をあげていて、その中の10社中5社が「経営理念」を新たに作成したり、従来からの経営理念を見直してあらためて社員と共有する[図4-7]ことにより、社内の一体感を強くして経営改革に成功しています。

社員力診断の各項目をチェックして、自社にとって優先度が高い項目からスコアアップに向けて経営体制、人材育成、効率経営の仕組み作りを始めてください。

事例企業のM&Aを除く11社中10社が承継後の成功要因として「新製品・新分野開拓」をあげています[図4-8]。新社長がやらなければいけない一番大切なことは、実はこれなのです。事例企業を見ると、先代社長時代に一時の成功体験に引きずられてその後に業績がずるずると悪化している事例が多いことに気づかれたと思います。

よく引き合いに出されるのが、いわゆる百年企業存続の秘訣です。このよう

な長寿企業では、常に時代の変化に合わせて業態や業種を変えてきています。

　事例の試験機製造業の株式会社KASER（仮名）では、新社長は前社長の全否定から始めよという「しきたり」が受け継がれています。

　前にもお話ししましたが、長く社長をやっていると今までお世話になってきた顧客への恩もあり、顧客を選別して場合によっては取引をやめるといったことはなかなかできません。

　また、製品分野に関しても、計量・計測器製造業の瑞穂光学工業株式会社（仮名）のように、そこそこの商売が成り立っていれば今はだんだんと売上が下がってきていても、「もう少しすればまた神風が吹いて上向きになるかもしれない」という根拠のない期待で新製品・新分野に踏み出せない事例は多く見られます。社長が代わった時は、顧客を見直して新しい製品分野を開拓するチャンスなのです。そのときに役に立つのが商流分析図です。

　商流分析図の最上段は、最終顧客製品がどのような市場分野に投入されているかが記されています［**図Ⅱ-2**］。今後成長が見込めないか衰退が予想される分野であれば、この際この分野の不採算顧客との取引は中期的には見直すべきです。しかし、その顧客（製品）で得ている売上を他の分野の新製品で補っていく必要があります。

　では、どのようにして新分野・新製品を決めていったら良いのでしょうか。

　一般的にまったく未知の分野に扱ったことのない新製品を投入する「多角化戦略」は成功の確率が低いとされています［**図4-11**］。

　狙い目は、今後成長が見込める新分野に自社の持つ強みである既存技術を活

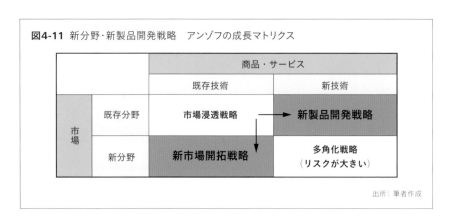

図4-11 新分野・新製品開発戦略　アンゾフの成長マトリクス

市場		商品・サービス	
		既存技術	新技術
	既存分野	市場浸透戦略	新製品開発戦略
	新分野	新市場開拓戦略	多角化戦略（リスクが大きい）

出所：筆者作成

かして新市場を開拓する「新市場開拓戦略」です。

　また、既に顧客を保有している既存分野に自社の持つ強みである技術を活かした新製品を開発する「新製品開発戦略」です。自社の強みである技術を活かして今後の成長分野に何が提案できるか、また、技術を活かした新製品を既存分野に投入することを考えてみてください。

　新市場開拓戦略の場合、ある程度狙い目の新分野のイメージができたら、商流分析図に付け加えて書いてみてください。最上段に最終製品の分野を記して、その下に最終製品でシェアが大きい企業名を調べて書き、その下にその企業を取引先としている企業名を複数社書いてみます。この作業を自社が開拓しようとしている新分野の対象企業候補が特定できるまで続けます。

　これでどこの企業に対して売り込みを掛ければ良いかがわかります。

　ここまでできれば新製品のアイデアを持って候補企業を訪問しましょう。

　売り込みにあたっては競合企業を事前に調べて、競合企業に対して当社を使っていただくメリットを顧客にアピールできる準備が欠かせません。

　このように、商流分析図は新分野開拓の際にどこから攻めたら良いかを考えるツールとしても役立ちます。

　また、新製品開発戦略の場合、今までお付き合いのある自社の顧客企業の業務範囲をよく調べてみることが大切です。自社の技術を活用して既存顧客に納

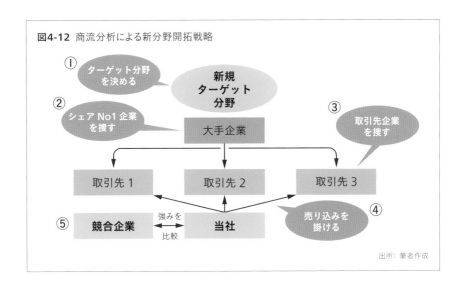

図4-12　商流分析による新分野開拓戦略

① ターゲット分野を決める

新規ターゲット分野

② シェア No1 企業を捜す

③ 取引先企業を捜す

大手企業

取引先1　取引先2　取引先3

⑤ 競合企業　←強みを比較→　当社

④ 売り込みを掛ける

出所：筆者作成

めていない新製品を開発できれば、顧客企業に購入してもらえることが考えられ、成功確率は大幅にアップします。

以上説明してきた経営体制、効率経営の仕組み作り、及び新製品・新分野開拓は思い立ってすぐにできるものではありません。一つ一つが周到な準備と計画的な実施が必要になります。

INASMAメソッドを用いて、自社にとって必要な項目を抽出して、中長期経営計画の形に落とし込んでください。計画は実現可能性が高い形でまとめて最終目標とマイルストーン（中間目標地点）、期限、及び責任者を決めて社員と共有してください。

中長期経営計画ができれば実施は各責任者に任せて、マイルストーン毎に進捗状況を確認してください。進捗が計画通りに進んでいない場合は、その原因を調べて対策を計画に追加していってください。

4-2-4 M&Aを考えたときの使い方

今回の事例の中には、3社のM&A事例が含まれます。2社は会社を売却した事例で1社は逆に購入した事例です。

最近では、後継者が見つからずにM&Aを用いて技術の継承と従業員の雇用を確保するケースが増えています。

日本の中小企業には、大企業を支えているユニークな技術とそれを支えている社員がいる企業が多くあり、後継者不足でこのような企業がなくなってしまうことは日本の産業にとって大きな損失となりますので、M&Aは重要な選択肢の一つです。

M&Aを活用しようと考えたときにやらなければいけないことは、

①自社の価値の確認

②譲れない条件の明確化

③①②を買い手にアピール　です。

それでは、次にINASMAメソッドを用いてこの三つをどのように確認していったら良いかをお話しします。

（1）我が社の価値はいくら?

「①自社の価値の確認」のことです。

ここまで読んでこられておわかりかと思いますが、会社の本当の価値は目に見える預金などの動産、不動産ではなくて継続的に価値を作り出す「社員力」なのです。

　端的な例は、インターネットのホームページ製作会社です。このような業態の会社では、たいてい自社ビルなどは持たずに貸事務所を借りて会社にあるのは机と椅子とパソコンくらいです。

　このような会社をM＆Aで買う場合、何を買うことになるのでしょうか。

　そうです。そこで働いているデザイナーやクリエーターと営業社員です。M＆Aのあとでこの人たちが会社を辞めてしまったら何も残りません。

　製造業でも同じことです。工場にある製造装置が欲しければ、中古市場に行って購入した方がよほど安くて目的にかなったものが買えます。

　販売会社の場合には商圏や顧客を引き継ぐことを期待して買収する場合が多いですが、これも商圏を熟知している社員や顧客の信用を得ている営業社員が退社してしまえばいつまで維持できるかわかりません。

　このように企業を買収する側にとっての価値は、その価値を継続的に維持拡大していく「社員力」なのです。社員力は買収前にはバランスシート（B／S）のなかには現れない価値であり、日本では買収後に「のれん」の一部としてB／Sに反映されるものです。「のれん」は一定期間で毎年償却されますので、買収によって毎年得られる利益が「のれん」償却費を上回れば買収は成功であったと見なされます。逆にいえば、「のれん」の評価額が貴社の目に見えない価値そのものだともいえます。

（2）M＆A後に残してもらいたい大切なもの

　「譲れない条件の明確化」のことです。

　事例の建築材料の卸・小売業の株式会社丸角商事（仮名）では、「社名を残す」「企業文化を守る」「社員の雇用を守る」をあげています。

　工業用プラスチック製品製造業の藤沢技研工業株式会社（仮名）では、M＆Aを考えるきっかけは「自分が社長のままではこの会社の社員を不幸にするのではないか？」でした。

　電気工事業の飯山電気設備株式会社（仮名）の場合は、経営不振に陥った競合他社を買収する事例ですが、業界の会長からの支援依頼理由は「重要顧客を守

る」ことであり、結果として「社員の雇用を守り」「会社の社会的責任を果た
す」ことができました。

　このようにM&A後に残したいものは会社の社会的責任をあげる企業が多い
ようです。

　「企業文化を守る」というのも社員が慣れ親しんできた文化を守ることで、
社員のモチベーションを維持して働きやすい環境を残すことと「社員の雇用を
守る」という側面もあると考えられます。企業文化の中身としては、経営理念
や社是などがあげられていてINASMAメソッドの「儲けの仕組み」に他なりま
せん。

　「社名を残す」というのは、創業以来培ってきた顧客との信頼関係を表して
いるものであり、顧客を含む社会への責任を果たし続ける意思とも考えられま
す。また、社員にとっても社名が残ることにより自分たちが築いてきた価値を
認めてもらっているということで、モチベーションの維持につながるものです。

　このようにM&Aにより何を残したいかを考えるうえでは、会社の「社会的
責任を果たす」ために自社のどのような強みが貢献しているのかをしっかりと
分析することです。そしてそのうえでその強みを維持強化するために必要なも
のを残してもらうようにすることが大切です。

　そのときに、サプライチェーンに入り込むまたは自社のサプライチェーンを
構築する中で自社の強みを分析するツールとして「商流分析」を使うことがで
きます。商流分析図を俯瞰することにより、自社がなくなった場合の社会的影
響がはっきりと見えてくるはずです。

　具体的な強みの源泉を「社員力診断」によって特定することにより、M&A
によって失ってはいけないものが何であるかが明らかになります。

（3）買い手へのアピール

　企業を売る側にとっては、自社の価値を生み出している「社員力」が何であ
るかを分析して、買い手に明確に説明することで適正価格での売却が可能にな
ります。自社が手がけている製品のマーケットとその顧客の将来性を商流分析
で説明することで自社の価値を一層具体的に説明することもできます。

　M&Aでは、一般的に買収側主導でデューデリジェンス（買収事前調査：デュー
デリ）が行われます。デューデリは、公平性を確保するために公認会計士など

図4-13 M&Aデューデリジェンスの調査項目

	調査内容
事業デューデリジェンス	経営、事業収益性等（B／S、P／L、C／F、事業計画、取引先等）
財務/税務デューデリジェンス	財務、税務等（決算書、B／S項目、P／L項目、税務関連書類等）
法務デューデリジェンス	遵法、訴訟・クレーム等（規定、マニュアル類、株主関連、役員関連、社員関連協約・協定、契約、許認可、訴訟・クレーム等）
人事デューデリジェンス	人事・評価制度、処遇、労使関係等（雇用関係、人事規定、労使関係、人件費、年金等）
ITデューデリジェンス	ITシステム等（体制、ハード/ソフト、ネットワーク、コスト等）

出所：筆者作成

第三者の専門家によって行われることが多いです。なお、調査内容は**図4-13**のような項目です。（括弧内は調査対象）

　内容をご覧になっておわかりのように、デューデリの主目的は買収する会社にとって購入する会社に何らかの経営リスクが隠れていないかの調査なのです。したがって、経営リスクが見つかれば、主に契約前に解決してもらうか、購入価格を安くしてもらうか、買収をやめるかの判断となります。

　最近では、会社や会社が持つ技術の将来性を評価する必要性が言われ始め、企業診断の専門家である中小企業診断士がデューデリチームに加わり将来性評価が行われるようになってきています。なお、ある程度技術の将来性を評価する手法はありますが、会社や事業の将来性を評価する標準的な評価手法はまだ確立されていません。

　また、デューデリは前述のように買収側主導で行われますので、買収側に有利な形で進められる可能性があります。

　交渉を売却側に有利に進めるためには、会社の売却を検討する早い段階からINASMAメソッドに詳しい中小企業診断士に依頼してINASMAメソッドを用いた事業性評価を一緒に行い、買収側から見て公平性・説得性がある企業価値評価資料を作成しておくことをお勧めします。

　ここまでINASMAメソッドで「何ができるのか」について、事例を交えながら説明してきました。

　繰り返しになりますが、INASMAメソッドは単なるツールです。現社長と後継候補者（M&Aの買い手も含む）が事業承継の話をするときに、何から話をしたら良いのか迷われると思います。そういう場合に、会社を取り巻く外部との関係についてコミュニケーションをするツールとして「商流分析」があり、商流分析図を眺めながらお客様の立場でなぜ当社を使っていただいているのかを考えてください。それが当社の本当の強みです。商流分析図をつくることが目的ではありません。つくる過程で話が脱線しても構いません。強みは普通一言できれいに纏められるものではないからです。

　長年にわたって曲がりなりにも会社が存続して今日まで生き残ってきたのは、それなりの歴史とストーリーがあり、社会が会社を必要としていたからです。これを次世代に承継することこそが事業承継を成功させるポイントだと考えてください。

　その強みの源泉が社員力だということは、既に十分にご理解いただけたと思います。事業承継によりこの強みの源泉が失われるようなことがあっては将来の発展は望めません。「社員力診断」で強みの源泉を具体的に明らかにして、この強みを活かして弱みを克服または凌駕することにより会社を変革し百年企業を目指してさらなる発展につなげてください。

本章では、企業を存続するための要素を説明し、後継者が新事業を検討する際のヒントの提供や望ましい後継者像を説明しています。また、後継者に必要と思われる知識や欠如している知識がある場合の外部の育成機関を紹介しています。

5-1　企業存続のための要素

5-1-1　**企業存続のためには、企業存続サイクルを回す**

「企業存続」のためには、最終的に「利益」を出すことが必要であると後継者は理解されていると思います。しかし、実際には後継者を含め経営者は往々にしてこのことを忘れがちで管理会計［**第5章3節2項**］を疎かにする場合があります。たとえば、横上金属加工株式会社（仮名）のように、創業社長が税理士に任せきりにし、娘のクーデターによって失脚することになった事例もあります。

現状の事業をそのまま継続するだけでは、外部環境の変化に対応できずじり貧状態に陥る可能性があります。したがって、企業存続のためには新たな事業（新製品や新サービス）に投資する必要があり、投資するためにも現事業で「利益」を出す必要があります。

企業は現事業で得られた「利益」を将来の企業存続のための製品開発や設備などの「投資」に使い、投資にて得た資産を使って「事業」を行う「企業存続サイクル」を循環させることが必要となります。

顧客に選ばれる「事業」（商品やサービスの提供）を行って初めて「利益を出す」ことができます。

特に、現在のようにモノ余りで且つインターネット社会では、顧客目線の「デザイン思考」によって顧客が望む商品やサービスを提供することが重要です。

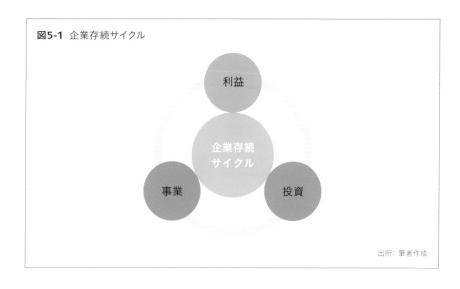

図5-1 企業存続サイクル

利益

企業存続
サイクル

事業

投資

出所：筆者作成

　「デザイン思考」とは、デザイナーが「デザイン」を考案する際に用いるプロセスを、ビジネス上の課題解決のために活用する考え方のことです。顧客（ユーザー）視点に立ってサービスやプロダクト（商品）の本質的な課題・ニーズを発見し、ビジネス上の課題を解決するための「思考法」として注目されています。

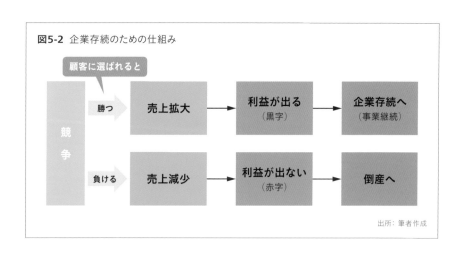

図5-2 企業存続のための仕組み

顧客に選ばれると

競争

勝つ → 売上拡大 → 利益が出る（黒字） → 企業存続へ（事業継続）

負ける → 売上減少 → 利益が出ない（赤字） → 倒産へ

出所：筆者作成

利益を出すためには、顧客に選ばれる「事業」を行う必要があります。事業を行うためには、「何を（商品・サービス）」、「誰に（顧客）」と「どのように（提供チャネル）」という要件を決めなければなりません。

事業を決定する要件
　　①何を（商品・サービス）
　　②誰に（顧客）
　　③どのように（提供チャネル）

　事業によって「利益」を生み出すことができたなら、事業に必要な「投資」（目に見える資産：土地・建物・設備・お金など、目に見えない資産：人的資産、組織資産や関係資産）を行うことができ、投資によって効率的に「事業」を行うことができる「企業存続サイクル」［**図5-1**］が回ることになり、企業の存続につながります。

5-1-2　社長の責務

　企業存続のための最も重要な「社長の責務」とは、
①適切な後継者を「見つけ」、次期社長として「育成する」。
　仮に、適切な後継者がいなければ、企業存続のために他社への売却も検討する。
②後継者に、企業を存続させる「自覚」を持たせる。
　ことです。

（1）後継者を見つけ、育成すること

　第1章で説明したように、2020年の休廃業・解散件数は49,698件［**図1-2**］で、そのうち黒字廃業が61.4％［**図1-5**］となっています。
　廃業の理由として「後継者を確保できない」が、小規模事業者では最も多く、中規模法人では、2番目の理由［**図1-4**］となっています。
　図1-7で紹介しましたが、円滑に事業承継するには少なくとも5〜10年の期間がかかります。となると、適切な後継者を早く「見つけ」ることが社長には必要不可欠となります。

たとえば、株式会社丸角商事（仮名）の事例では後継候補を検討しても社内に適切な候補者が見当たらず、結局企業の売却を選択しました。また、売却の意思を固めてから企業を売却するのに3〜4年かかっています。企業を売却するにしても適切な売却先を選択し円滑な事業承継を行うには、時間がかかることを物語っています。

　したがって、社長には事業承継のために、早くから後継候補を見つけ育成するか、または売却先の候補先を決める責務があります。

（2）後継者に企業を存続させる「自覚」を持たせる。

　社長には、後継者に企業を存続させる意義を理解させ、自覚を持たせる教育を施す責務があります。つまり、企業は「社会の公器」であり社会が求める商品やサービスを提供することによって自社の利益の拡大につながり、地域経済や雇用など社会に貢献することになることを後継者に理解させ、自覚させる責務です。

　社長や後継者は、INASMAメソッドの商流分析によって、自社が取引先からいかに評価されているか、自社の存在意義や社会への貢献を実感することできます。

　藤沢技研工業株式会社（仮名）の事例では、創業社長の急死により、突然思いがけずに2代目社長となった藤沢次郎（仮名）の戸惑いや苦悩が紹介されています。次郎は、思いがけ

・適切な後継者を見つけ育成する
・会社を存続させる自覚を促す

ず事業を承継したために企業を存続させるという社長の責任に対する自覚が不足していたように思えます。ただし、次郎は売却という手段で従業員を路頭に迷わすこと無く企業を存続させたという点では、社長としての「責任」を果たしたことになるのではないでしょうか。

5-2 後継者による新事業

　株式会社東京商工リサーチ「倒産企業の平均寿命23.8年　3年ぶりに上昇【2021年】公開日付：2022年2月25日」によれば、2021年に倒産した企業の平均寿命は23.8年でした。このうち製造業の36.3年が最長で、金融・保険業と情報通信業は15.7年で最短でした。このように、業種によっても企業の寿命は異なっています。

　ここでは、カラーフィルム市場における富士フイルム株式会社（以下「富士フイルム」）とイーストマンコダック社の対照的な事例から企業存続のための要素を考えてみましょう。

　1990年代、カラーフィルムの世界市場は、富士フイルムとイーストマンコダック社（米国）で世界市場を席巻していました。しかし、カラーフィルムの世界市場は、2000年をピークに2010年には十分の一以下と急速に縮小し、両社は本業消失の危機に直面しました。

　デジタル化の時代の波を予見していた富士フイルムは、このときに積極的にカメラのデジタル化に踏み切ることで事業を変容させながら企業の存続を図って成長してきました。

　一方、イーストマンコダック社は、デジタル化の時代の波を予見しましたがデジタル化への決断ができずに、デジタル化に乗り遅れた結果倒産に至りました。

時代に合わせて企業変革することが重要

会社の変革
↓
存続

　富士フイルムとイーストマンコダック社の事例から、企業を継続的に存続させるためには、「予見力」「革新力」「決断力」の三つの要素が社長には必要不可欠であることがわかります。

　・デジタル化の波を読み取る「予見力」（両者はあった）
　・コア事業の収益に甘えず、時代の変化に挑戦し続ける「革新力」
（富士フイルムにあったが、イーストマンコダック社にはなかった）

・経営者としての"覚悟"である「決断力」(富士フイルムは決断したが、イーストマンコダック社はデジタル化の予見はしていたが決断できなかった)

企業存続のために
社長が求められる要素 ── 予見力
　　　　　　　　　　　── 革新力
　　　　　　　　　　　── 決断力

カラーフィルム市場における企業戦略の明暗

　富士フイルムは、1934年に「写真フイルムの国産化」を目的に創業された88年の歴史を持つ企業です。創業後独自技術をもとに、事業構造の転換を行いながら社会環境や経済環境の変化に対応した製品やサービスを提供し成長してきました。また、そのときの時代に沿って組織体制の変革も行っています。

　たとえば、コピー機を販売する富士ゼロックス株式会社(現富士フイルムビジネスイノベーション株式会社)の設立や、富山化学工業の買収によって医薬品分野に進出しています。現在では、ヘルスケア(医薬品や化粧品)、マテリアルズ(ディスプレイ材料、半導体プロセス材料)、ビジネスイノベーション(複合機やプリンター)やイメージング(カメラ、レンズ)の分野で多様な事業を行い、売上が2兆円を超える企業に成長しています。

参考：富士フイルムホールディングスHP

5-2-2　なぜ新事業が必要か

　なぜ、「後継者は新事業を行う必要がある」のかを考えたことがあるでしょうか？

　今の事業は順調に売り上げや利益が推移しているのに、あえて新事業を実施するリスクを冒す必要があるのか？　と考えている後継者もおられると思います。

　しかし、企業を取り巻く環境が大きく変化している中で、従来と同じ経営を

続けていても同じ売り上げや利益を上げ続けることができるでしょうか？

　事業にも人間と同様に寿命があります。前項で説明したカラーフィルムでは高い市場シェアを誇る事業であってもデジタル化の時代が到来したことで、衰退の時期が訪れたことを物語っています。

　したがって、企業を取り巻く環境が大きく変化している時代にこそ、後継者は時代に沿った新規事業を検討し、実行する必要があるのです。

(1) 企業を取り巻く社会環境の変化

　日本の企業を取り巻く社会環境は、少子高齢化による市場規模の縮小が不可避となっています。また、第5章3節3項 (5) で説明されるように、製品やサービス（併せて事業）にはライフサイクル（導入期→成長期→成熟期→衰退期）があります。

　たとえば、技術の進歩によって大きく変わってきた音楽事業を例に説明します。

　1887年に誕生したレコードは、ラジオの普及により売上が減少し、ウォークマンの普及で大きく売り上げを伸ばしたカセットテープ（磁気テープをコンパクト）もCD（アナログからデジタルに）の登場により、主役の座を降りました。また、2001年のiPodとiTunes Storeの登場は、iPhoneの普及により音楽をダウンロードし、スマホで音楽を聴く楽しみを可能にしました。また、2015年頃から音楽はダウンロードからストリーミングの時代になるなど顧客の生活スタイルを変化させてきました。

　このように、新たな技術の誕生は、既存の音楽の楽しみ方を変えてきました。**図5-3** でCDを例にライフサイクルを説明します。

　CDは1984年の誕生から数年は市場に投入した導入期であり、その後1992年頃までは急激に生産金額を拡大しており（成長期に該当）、1998年をピークに2008年頃まで市場の成長が鈍化（成熟期該当）し、その後ゆるやかに市場が縮小（衰退期に該当）しています。

　とりわけ、ライフサイクルの成長期や成熟期を迎えた製品やサービスは、優れていればいるほど他社に模倣されやすい傾向にあります。模倣する企業は、先駆者のような研究開発費をかけていないので、より安価な製品やサービスを

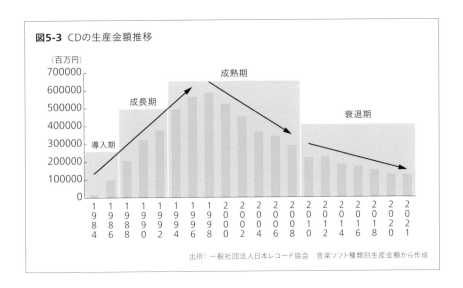

図5-3 CDの生産金額推移

（百万円）

成熟期

成長期

衰退期

導入期

出所: 一般社団法人日本レコード協会 音楽ソフト種類別生産金額から作成

市場に投入してきます。それによって自社の売上が減少することが予想されます。

　このような、模倣企業に対抗する手段の一つとして、「知的財産」があります。知的財産を有効活用することで、模倣製品やサービスを駆逐して、自社の製品やサービスを少しでも継続できるよう市場を確保することが重要となります。

　また、グローバル化により市場での国際競争が激しくなってきており、従来の製品や事業を同じビジネスモデルで維持継続することは困難な時代となっています。

　このような社会環境の中で、企業が存続していくためには、既存の事業（製品やサービス）にこだわらず、時代の変化に応じた新事業に取り組むことがますます重要になっています。

社会環境の変化

●少子高齢化　→市場規模の縮小

●技術の進展・進歩　→製品・サービスの寿命が短縮化

●グローバル化　→競争の激化

　　　　　　　　→模倣製品の出現　→知的財産で対抗

企業存続のためには、新事業への取り組みが必要

（2）コロナ禍における企業経営への影響とビジネスチャンス

　前述したように、企業を取り巻く社会環境は大きく変化しています。そのうえ、昨今の新型コロナウイルス感染症の蔓延は、感染拡大を防ぐために対面によるコミュニケーションを制約し、社員の働き方を大きく変え、企業経営にも大きな影響を与えています。

　たとえば、インターネットの環境整備が進み、IT（情報技術）が進展したことにより、「3密回避」による「テレワーク」や「ステイホーム」での勤務を可能にし、従来の働き場所が企業の事務所や顧客先ではなく、自宅や時間貸しなどの会議室にシフトしています。つまり、従来の出社による勤務や対面営業等の機会を喪失させています。しかも、これらは販売管理費の削減効果があることから一過性で終わることなくコロナ後の社会においても一定程度定着するものと

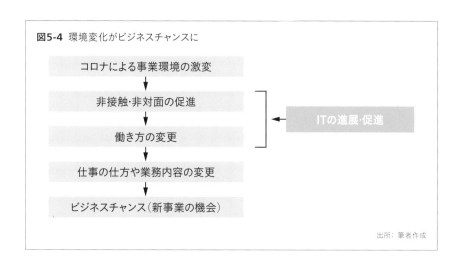

図5-4　環境変化がビジネスチャンスに

コロナによる事業環境の激変

非接触・非対面の促進

働き方の変更

ITの進展・促進

仕事の仕方や業務内容の変更

ビジネスチャンス（新事業の機会）

出所：筆者作成

予想されています。

　また、インターネットの普及は、企業が一般消費者との取引、企業同士や消費者同士の取引など顧客へのアプローチを容易にし、電子商取引（Eコマース：Electronic Commerce）の市場を拡大させています。

　このように、非対面でも仕事を円滑に進めるためのデジタル化の重要性が高まっており、ITの活用でオンラインによるコミュニケーションが促進されるとともに、RPA（Robotic Process Automation）などの普及により従来実施してきた人的作業の削減化も進められています。新型コロナウイルス感染症のまん延は、企業の仕事の仕方や業務内容を大きく変化させる契機となりました。

　このような事業環境の変化は、経営者が従来の事業や業務のやり方に固執する限り企業存続を危うくしますが、一方、変化への対応が新事業創造のチャンスともなり得ます。経営者は、時代の変化を読み取り（予見性）環境の変化に沿った事業を創造できれば、企業の存続をより確かなものとすることができます。

　また、仮に社長の経営手腕により現在の事業が好調なため、後継者が新事業創造や業務改革の必要性を感じずに従来と同じ事業を同じように経営していては、外部環境の変化についていけなくなり、いずれ顧客に飽きられ（選ばれず）、事業の衰退に至ります。

　たとえば、カンパチなど養殖魚流通業者は、事業の存続が懸念される事業者の一つです。

　刺身など生で食べるのがおいしいとされる養殖カンパチは、養殖場から全国の市場に活魚輸送車で生きたまま輸送されています。しかし「養殖業者→仲介業者→トラック運送業者→市場→買受人→店・バイヤー」と流通経路が長く、かつ、これまでの活魚輸送技術では、輸送中、魚に大きなストレスを与えてしまうため、消費者に養殖魚の鮮度の良さを味わってもらうことが困難でした。

　そのため、養殖業者は、生産者の名前を冠した養殖魚のブランド化、高付加価値化が難しい状況でした。しかし、近年、低温高密度輸送技術など革新的な活魚輸送技術が開発され、養殖業者がこれらの技術を活用して仲介業者を介さず直接市場に出荷するブランド化の取り組みが全国で行われるようになりました。

　このような試みが消費者に歓迎されると、いずれ、仲介業者は活魚流通から淘汰されることになるでしょう。

(1) 事業承継時の検討

　後継者が新事業を検討する適切な時期はいつでしょうか？

　それは、後継者が事業を承継するときです。すなわち、事業承継時には現状の事業を整理して理解するため、新事業を検討する良いきっかけとなるのです。

　後継者は、製品ライフサイクルを意識して既存事業の現状分析を行い、顧客動向から見た市場性や現状の強み（知的資産など）を活かして既存事業とシナジー効果が期待できる新規事業を検討しましょう。そのためにも、競争優位性の源泉となる「知的資産」の棚卸しを行い、確実に承継することが重要です。

> **後継者の事業承継時**
>
> ●既存事業の現状分析　→製品ライフサイクルの検討
>
> 　　※既存事業がいつまで売上/利益を得られるか
>
> ●新規事業　→市場性の検討
>
> 　　　　　→強み（知的資産）を活かせるか
>
> 　※いかに顧客に選ばれるか。

(2) 新事業の検討

　「新事業を創造しろと言われても何を実施すれば良いかわからない。どうすれば良いか？」と思案されている後継者もおられるでしょう。

　また、やみくもに新事業を開始しても成功するとは限りません。

　そこで、後継者はINASMAメソッドの「商流分析」、「経営デザインシート」[**付録2-5**]と「アンゾフの成長マトリクス」[**付録2-3**]を用いて新事業を検討してみてはいかがでしょうか？

　新事業の検討手順は、次のとおりです。

①現在実施している事業を「商流分析」によって把握します。

　「商流分析」については、第Ⅰ部第3章1-2と第Ⅱ部を参照。

　「経営デザインシート」の「これまで」のパートに相当します。

②そのうえで、後継者が「将来の企業のありたい姿」を描きます。

　「経営デザインシート」の「これから」のパートに相当します。

③これらを「経営デザインシート」にまとめます。

「経営デザインシート」は**図 4-12** 及び**付録 2-8** を参照してください。

④最後に「アンゾフの成長マトリクス」にて新事業の成長戦略の方向性を検討します。

「アンゾフの成長マトリクス」は、第 5 章 3-3 及び付録 2-3 を参照してください。

後継者が新事業を検討する際には、アンゾフの成長マトリックスでいう既存市場に新規製品/サービスを投入する「新製品開発戦略」（新規製品×既存市場）または既存製品/サービスの市場開拓（開発）となる「新市場開拓戦略」（既存製品×新規市場）が検討すべき戦略です。

なお、リソースの少ない中小企業では「多角化戦略」（新規製品×新規市場）は避けるべき戦略となります。

> **新規事業の検討**
> ●新製品開発戦略（新規製品×既存市場）
> 　新製品を既存市場（従来の顧客）に投入する戦略
> ●新市場開拓戦略（既存製品×新規市場）
> 　既存の製品を新規な市場に投入する戦略
> ※「多角化戦略」（新規製品×新規市場）は避ける

5-3　後継者が身に着けたほうが良い知識

「企業存続」のために後継者に必要な「知識」は何でしょうか？

ここで示す「知識」は、経営に必要不可欠な知識となりますので、後継者はぜひとも身に着けていただきたいものです。なお、後継者にとってこれ以外の知識も当然必要であれば、その都度、積極的に身に着けることが望まれます。

5-3-1　IT リテラシー

今回のコロナ禍によりコミュニケーションのオンライン化（遠隔授業、テレワーク、リモート商談）、ロボットの導入による省人化と業務改善の促進、生産体制の見直し、ネットショッピングの普及、食事宅配サービスの市場の拡大な

ど、事業のデジタル化が予想外に加速しました。もとよりデジタル化は国内外で不可避な潮流であり、今後ますます加速します。

しかし、中小企業においては、デジタル人材の不足により事業のデジタル化が進んでいない状況です。デジタル化が加速するサプライチェーンの中で中小企業が存続するためには、社員のITリテラシー強化が必要不可欠です。

5-3-2 会計

(1) 会計とは

会計とは、品物やお金のやり取りを記録するもので、会社に出入りするお金の全般を管理する、企業経営にとっては極めて重要な業務となります。

(2) 会計業務の役割

会計の業務には三つの役割があります。

①社外に情報を開示する。

財務諸表(決算書類)を社外へ開示することで、会社の財務的な状況を発信します(会社法などで義務づけ)。

②納税額を算出する。

企業経営に基づき得られた収入や経費などから、法人税、法人住民税や事業税などの金額を計算します(納税義務の実施)。

③社内会計を管理する。

日々の事業活動で行われた業務の会計情報を経営に役立てるために、社内での会計を管理します。

　　　　会計業務の役割

　　　　　・社外に情報を開示する

　　　　　・納税額を算出する

　　　　　・社内会計を管理する

(3) 会計業務の分類

企業の会計業務は、業務内容から下記のように分けることができます。

会計業務の分類

①財務会計（外部会計）

②管理会計（内部会計）

①財務会計（外部会計）

企業外部（株主を含む）の利害関係者に、経営状況を開示するための会計です（貸借対照表、損益計算書やキャッシュフロー計算書などの財務諸表）。

②管理会計（内部会計）

企業が、自社の経営状況を把握するために行う会社内部を管理するための会計業務です（経営方針や事業計画を作成したりする際に重要となる書類）。したがって、企業にとっては将来の存続のために重要なものです。

5-3-3 フレームワーク

後継者は、事業承継後の事業戦略の立案や新事業の構想などを行う際に、企業を取り巻く環境や新事業の将来性を分析する必要があります。ここでは、よく利用されている分析ツール（フレームワーク）について簡単に解説します。なお、詳細は付録を参照してください。

（1）PEST分析

企業を取り巻くマクロ環境を分析するフレームワークとして「PEST分析」があります。

PESTとは、政治（Politics）、経済（Economy）、社会（Society）、技術（Technology）の接頭辞からなり、現在または将来の自社製品への事業活動に影響を及ぼす要因を把握して、その影響度や変化を分析する市場調査用ツールです。これによって、今後進出すべき分野を抽出できます。

特に現在のような変革期においては、政治・経済・社会・技術の動向を注意深く見ることが重要であり、これらの変化を知ることでビジネスチャンスをつかむことができます。

（2）SWOT分析

戦略立案を行うときに使用し、企業の「外部環境」に潜む将来の市場にある

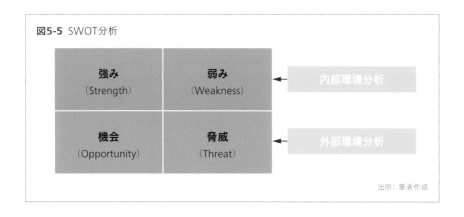

図5-5 SWOT分析

| 強み
(Strength) | 弱み
(Weakness) | ← 内部環境分析 |
| 機会
(Opportunity) | 脅威
(Threat) | ← 外部環境分析 |

出所：筆者作成

「機会」(Opportunity) や「脅威」(Threat) を検討し、他社に比べて自社がもつ現在の「強み」(Strength) や「弱み」(Weakness) である「内部環境」を評価するためのものです。これによって、自社の経営課題を抽出することができる分析ツールです。

SWOT分析は、一般的に「強み」を「機会」に投入する事業展開を考え、「弱み」や「脅威」をリスクとして捉えて経営課題を抽出する分析ツールとなります。

変革期における事業展開を検討する際には、今後の環境変化を想定して、自社への影響を時間軸で考える必要があります。「機会」と「脅威」は、捉え方によっては反対にもなります。また、自社の「強み」や「弱み」は、他社との相対的比較によるものであり、他社の変化によって変わるものです。

(3) バリューチェーン (価値連鎖)

バリューチェーン (Value Chain) とは、商品やサービスを顧客に提供するすべての事業活動を一つの「価値のつながり（価値連鎖）」として捉えます。

また、事業活動を「主活動」(直接的に価値を生み出す活動) と「支援活動」(主活動をサポートするための活動) に分類し、どの活動が競争優位性 (価値) を確保しているかを分析するツールです。なお、業種や企業によって個々の活動内容は異なります。

バリューチェーンでは、競争力の優位性 (或いは弱点) が自社のどの活動 (主活動と支援活動) にあるのかを分析・把握することで経営戦略立案に役立てること

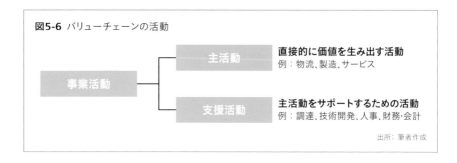

図5-6 バリューチェーンの活動

事業活動

主活動 — 直接的に価値を生み出す活動
例：物流、製造、サービス

支援活動 — 主活動をサポートするための活動
例：調達、技術開発、人事、財務・会計

出所：筆者作成

ができます。

(4) アンゾフの成長マトリックス

後継者や経営者が、将来の事業の成長戦略の方向性を分析・評価するツール
として「アンゾフの成長マトリックス」があります。

特に、昨今のコロナ禍で企業を取り巻く環境が大きく変わるなかで、成長を
続けるためには「どのような成長戦略」をとれば良いのか、を検討する必要が
あります。その際に有効なツールです。

(5) 製品・事業のライフサイクル

製品や事業には、市場投入から需要が無くなって消失するまでのプロセスが
あります。製品の場合には「製品ライフサイクル」といい、事業の場合には
「事業ライフサイクル」といいます。

このプロセスは、導入期→成長期→成熟期→衰退期と辿り、売上高や利益が
緩やかな放物線を描きながら推移していきます。

経営者は、製品や事業がどの段階にいるのかを把握し、経営資源の配分や撤
退時期を見定める必要があります。

また、変革期においては、この製品・事業のライフサイクルの放物線も急峻
になったり、通常より穏やかな曲線になったり、大きく変化することが考えら
れます。たとえば、顧客のニーズが多様化して導入期から成長期が短くなった
り、競合が激しく成熟期が短くなったり、技術革新やデジタル化の加速により
衰退期が早く訪れることも想定されます。

5-4　後継者の理想像

　事業承継を検討されている社長には、理想の後継者象はあるでしょうか？
　もし、理想像がないようなら、下記事項を参考にしてください。

　後継者が承継時に下記要件をすべて満たすことが理想ですが、極めて難しいでしょう。ここに列挙した項目は、後継者が成功するために保有することを目指すべき有用な要件（資質）です。

- 自ら人脈を構築する意思がある
- キャリアがある（他社企業経験、自社経験）
- 適切な経営判断ができる

そのためには

- 時代を見る「予見力」
- 現状打破の精神である「革新力」
- 社員をとりまとめる「リーダーシップ」
- 経営判断を行う「決断力」

　次節以降で、なぜこれらの要件が必要なのか、また、どうすれば補完したり強化したりできるのかを説明します。

5-4-1　自ら人脈を構築する意思がある

　後継者（経営者）は孤独です。後継者は、企業経営に悩んだり、決断を躊躇したりすることもあります。そのようなときに助けになるのは悩みを聞いてくれたり（傾聴）、アドバイスをしてくれる知人・友人や先輩などの存在です。これらの悩みを解決してくれたりする適任者は、同じような悩みを抱える経営者やその道の専門家です。

　後継者にとって、このような外部人脈の構築は単に先代から引き継ぐだけでは難しく、自ら構築する必要があることを第4章の事例は示唆しています。

　後継者自身が、人脈を構築する意思があれば、自社が所属する業界の活動に

参加したり、本章 5 節に示す「後継者育成塾」・「異業種交流会」などのイベントに積極的に参加することなどで、公私にわたってアドバイスしてもらえる人脈を構築することができます。ただし、単に数回参加しただけでは、人脈を構築するのは難しいと思われます。

　このコロナ禍ではイベントへの参加の機会を増やすことは難しいですが、ザイアンスの法則の「単純接触効果」のように接触回数を増やせば増やすほど外部人脈を構築できる可能性が増えますので、何度も参加する必要があります。

　なお、人脈構築の機会は、本章 5 節「後継者の育成」を参照してください。

5-4-2 キャリアがある

　第 4 章の事例にて明らかになったように、後継者の他社での企業経験は、承継した際に自社と他社を比較できる視点を持つというメリットがあります。自社に何が欠如しているかを把握でき、対策を打つことができます。

　後継者に他の企業経験がない場合には、比較する視点や基準がないために自社を客観的に評価することは難しいでしょう。その場合には、次節に示す「後継者の育成」の外部機関による育成プログラムを受講することで疑似的にキャリアを補うことができます。

　幸いにして後継者を見出した社長は、後継者に不足している要件があると思われる場合には後継者の自助努力に任せず、事業承継までにできる限り育成する手立てを講じることが企業の存続にとり重要です。

5-4-3 適切な経営判断ができる

　経営者は、将来の外部環境を予測（予見力）し、企業存続のために顧客（潜在的顧客を含む）が要望する新たな事業を創造します。

　また、既に保有している知見や経験から IT を使って、新たな事業の創造や業務の変革を行います（DX）。これらの事業創造や業務変革は、経営者のみでは実現できず、全社員が同じ方向に注力することが必須となります。

　さらに、これらの事業創造や業務変革には多大なリソース（ヒト・モノ・カネ・情報など）が必要となるので、実行するか否か、さらにどのように実行するのかの決断力が重要となります。

5-5　後継者の育成

　後継者は、短期間に育成することができません。社長が後継者を見つけ、育成しようとする際に、体系的かつ効率的な後継者育成を図るために、下記に示す外部機関を活用することを推奨します。

　ここでは、後継者のスキルアップと外部人脈構築について、説明します。

5-5-1　中小企業大学校

　製造業・小売業・卸売業・サービス業・建設業など様々な業種で、中小企業の後継者候補または経営幹部候補の方を対象にした研修プログラムです。

　カリキュラムは、「講義」、「ケーススタディ・演習」、「実習・自社分析」で構成されています。

　また、研修終了後には、OB合同研修会やOB会などがあるので、人脈の構築ができます。

- 研修期間：10か月間全日制
- 研修日：原則月曜日〜金曜日までの週5日間
- 研修時間：9時40分〜16時40分（土曜・日曜・祝日・年末年始は休校）
- 主催者：中小企業大学校　東京校　企業研修課
- 独立行政法人　中小企業基盤整備機構　関東本部
- 住所：〒207-8515 東京都東大和市桜ケ丘2-137-5
- 連絡先：TEL. 042-565-1207　FAX. 042-590-2685
- URL：https://www.smrj.go.jp/institute/tokyo/
- 参考：上記URL

5-5-2　金融機関主催の経営塾

　各金融機関では、取引先のある企業の後継者教育を実施しています。なお、このような後継者教育では、同じ環境の後継者候補が参加するので、人脈構築にも寄与します。

　後継者教育を検討する方は、取引先金融機関に相談してください。

5-5-3　各地域の商工会議所

　各地域の商工会議所では、創業塾・経営塾や企業支援などで、後継者の育成

プログラムを実施しています。

　たとえば、東京商工会議所の各支部では、支部ごとに「若手経営者交流会」、「視察研修」、「会員の集い」、「会員交流のイベント開催」などを実施しています。

　また、後継者が所在地域における各地域の商工会議所にて開催される創業塾・経営塾や企業支援などに参加することで、人脈を構築することができます。

第 **II** 部

INASMA メソッドの解説

第1部第3章の説明で「INASMAメソッド」の概略はご理解いただけたものと思います。

第Ⅱ部では、事業承継を検討されている方と後継候補者の方が「INASMAメソッド」を活用して一緒になって貴社の現状や将来性の把握に取り組んでいただけるよう「商流分析」(外部環境分析)と「社員力診断」(内部環境分析)の実際の進め方をSTEP BY STEPでご説明します。

1 INASMAメソッドの商流分析

「商流分析」は、事業課題を抽出するために取引の流れ(知的資産)を「見える化」するためのツールです。特に社内での業務経験がない後継候補者にとっては、取引先や最終ユーザー、仕入先、協力企業、競合企業など自社を取り巻く事業環境を俯瞰的に理解し、さらに、現在の貴社の事業課題を認識するために大いに役立ちます。

1-1 商流分析を作成する手順

商流分析図の作成手順は以下のようになります。

1-1-1 当社事業の外部関係者を図式化(STEP1)

ここでは、当社から最終顧客に向けた外部関係者と当社から見た競合先、協

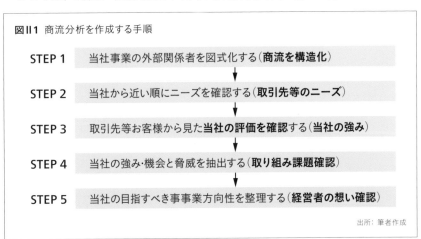

図Ⅱ1 商流分析を作成する手順

STEP 1 　当社事業の外部関係者を図式化する(**商流を構造化**)

STEP 2 　当社から近い順にニーズを確認する(**取引先等のニーズ**)

STEP 3 　取引先等お客様から見た**当社の評価を確認**する(**当社の強み**)

STEP 4 　当社の強み・機会と脅威を抽出する(**取り組み課題確認**)

STEP 5 　当社の目指すべき事業方向性を整理する(**経営者の想い確認**)

出所: 筆者作成

力企業先、仕入先との関係を図にまとめます。

(1) 当社から最終顧客に向けた外部関係者の図の作成
まず、当社から最終顧客に向けた外部関係者の図を作成します。

① 当社の事業内容を記入します
当社のボックスを書き、事業内容を記入します。

図II 2では、例として、「切削加工」、「部品A製造販売」と「部品B製造販売」を記載しています。

② 当社のボックスの上に直接取引先を記入します
当社のボックスの上に、取引金額が大きい取引先名を左から順に並べて記載します。取引先に納入している部品や商品を、取引先の下に部品A、部品B、製品Yのように記入します [**図II 2**]。

③ 取引先の顧客名を記入します
取引先の上には取引先の顧客名を記入します。直接取引先が製造している部品A、部品B、製品Yについて、誰（顧客名）が何（製品 α、製品 β）を購入しているかを記入します [**図II 2**]。

④ 事業分野を定義します
売上製品・サービス別、業種別等に（事業活動を）分けて、図の一番上に顧客（エンドユーザー）が属する事業分野を記入します。

⑤ 矢印を記入します
取引先の顧客名から当社の取引先に対して部品の流れに沿って矢印を記入します。

また、取引先から当社のボックスに対して部品の流れに沿って矢印を記入します。なお、売上高の大きい部品や商品は太い線にします。

なお、外部関係者から見た当社の図式化のため、矢印は当社に向かって記載します。

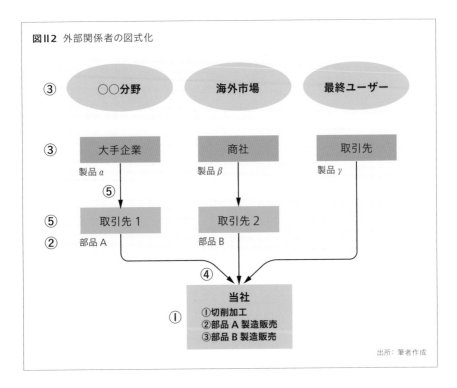

図Ⅱ2 外部関係者の図式化

③ 〇〇分野　　海外市場　　最終ユーザー

③ 大手企業　　商社　　取引先

製品α　　製品β　　製品γ

⑤

⑤ 取引先1　　取引先2

② 部品A　　部品B

④

当社
①切削加工
②部品A製造販売
③部品B製造販売

①

出所：筆者作成

（2）当社から見た競合先、協力企業先、仕入先の関係図の作成

次に当社から見た競合先、協力企業先、仕入先の関係図を作成します。

① 当社の競合企業を記入します

当社のボックスの左側に当社の競合企業を記入し、競合企業に対する当社の強みと弱みを競合企業のボックスの下に記入します。ここで、競合企業との差別化ポイントが、どこにあるのかを明確にします。

② 当社の協力企業を記入します

当社のボックスの右側に共同受注企業、外注先企業、共同開発企業、各種支援機関等の協力企業を記入し、それらとの関係はどのようなものか記入します。

③ 主な材料や部品の仕入先を記入します

当社のボックスの下に仕入先を記入し、仕入先ごとに他社から購入できない

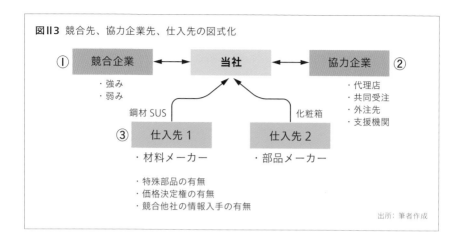

図II3 競合先、協力企業先、仕入先の図式化

出所：筆者作成

特殊部品はあるか、価格決定権は当社にあるか、仕入先から競合他社情報は入手しているかなど仕入先との関係を記入します。

また、当社に向かう矢印を記入し、仕入先から何を仕入れるかを記入します。

1-1-2 当社から近い順に、ニーズを確認する（STEP2）

①直接取引先のニーズを記入します

直接取引先のニーズは何で、どの部門から得ているかをそれぞれの取引先ごとに記入します。また、同様に直接取引先より上流の企業や最終ユーザーのニーズについても記入します。

②ニーズへの対応を記入します

そのニーズに対して、当社はどのような対応をして何を満たし（品質、価格、納期、小ロット対応、技術高度化、その他）、取引先の満足以上の感動を与えているかを記入します。

1-1-3 直接取引先等お客様から見た当社の評価されている点を確認する（STEP3）

①直接取引先による評価を記入します

当社の何を評価して発注しているのか、同業他社と比較して当社の良いところはどこかなど、直接取引先ごとに何を目的として当社と取引しているのかを記入します。

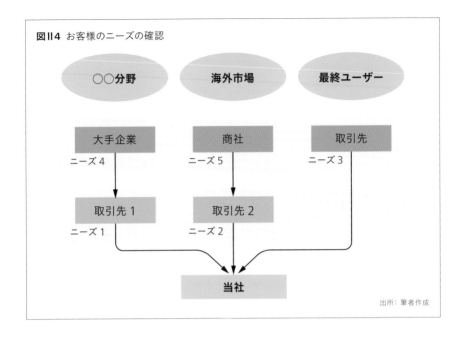

図II4 お客様のニーズの確認

○○分野　　　海外市場　　　最終ユーザー

大手企業　　　商社　　　取引先

ニーズ4　　　ニーズ5　　　ニーズ3

取引先1　　　取引先2

ニーズ1　　　ニーズ2

当社

出所：筆者作成

②直接取引先より上流の企業や最終ユーザーによる当社の評価を記入します。

　直接取引先より上流の企業や最終ユーザーから見た当社に対する評価がわかれば、それも記入します。

③当社の強みを記入します

　直接取引先及び直接取引先より上流の企業や最終ユーザーから評価されていることは、当社の強みになります。自分がいくら強みだと思っていても、お客様から評価されていなければ強みとは言えません。当社の何が評価されているかを、強みとしてまとめて記入します。今まで気づいていなかった強みが見つかることもあります。

1-1-4　当社の強み・機会と脅威を抽出する（STEP4）

①当社が置かれた外部環境を整理します

　商流分析における外部環境とは、エンドユーザーが属する事業分野、産業分野そのものです。これらの動向や影響を及ぼす政策や法制度などの政治的な状況や、景気動向などの経済状況、人口動態などの社会的状況、革新的な技術、

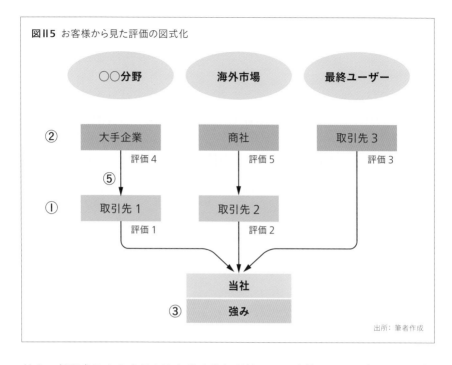

図II5 お客様から見た評価の図式化

○○分野　　海外市場　　最終ユーザー

② 大手企業　　商社　　取引先3
　　評価4　　　評価5　　　評価3

⑤ → ① 取引先1　　取引先2
　　評価1　　　評価2

当社

③ 強み

出所：筆者作成

競合や新規参入など当社を取り巻く外部環境から、当社にとって有利となる機会と不利となる脅威を抽出します（**付録3-1 PEST分析**）。

②外部環境に対応する強みに着目します

　抽出した機会に対して対応できる強みを明確にします。当社の取引はなぜ継続しているのか、なぜ、当社にこんなに引き合いがくるのか、取引先は当社の何に魅力を感じているのかといった観点から着目し、取引先や仕入先等関係者全員から喜ばれるビジネスモデルを考えます（**付録2.2　SWOT分析**）。

1-1-5 **当社の目指すべき事業方向性を整理する（STEP5）**

①競争優位性（強み）を明確にします

　競合他社の生産体制や強み、弱み、製品・サービスの特徴、顧客ターゲットなどから当社が置かれた競争優位性を明確にし、事業の目指すべき方向性を整理します。

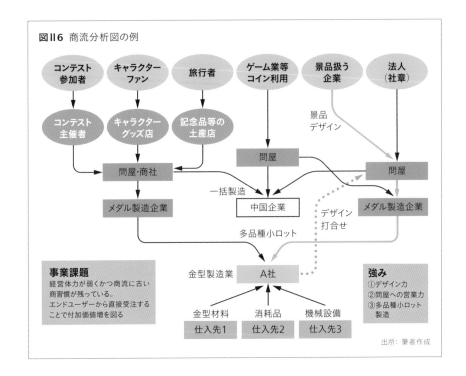

図II6 商流分析図の例

事業課題
経営体力が弱くかつ商流に古い
商習慣が残っている。
エンドユーザーから直接受注する
ことで付加価値増を図る

強み
①デザイン力
②問屋への営業力
③多品種小ロット
　製造

出所：筆者作成

② 事業課題を明確にします

　事業の方向性が決まれば、そこを目指すうえでの事業課題を明らかにして当
社ボックスの左側に記入します。

　最終的に完成となる商流分析の図は、たとえば、**図II6**のようになります。

　商流分析では、取引の流れと外部関係者との関係や評価から、企業の強みと
事業課題が可視化されます。

2　INASMAメソッドの社員力診断

　第3章で述べましたが、「経営資源が限られる中小企業にとって最大の強み
となるのは『人』である」ということが私たち知的資産研会員の信念です。企
業を訪問した時、事務所の全員が立ち上がって挨拶されて感銘を受けることが
間々あります。従業員がこのような行動をとる企業では、社長の「経営理念」
に基づいた「社員の教育訓練」が行き届いていることを私たちは経験上知って

います。「社員力診断」では、企業の強みの源泉である「人」に帰属する活動を16の知的資産に整理、知的資産ごとに、たとえば「挨拶」のように私たちが普段、具体的に見聞きできる事象を社員力の評価指標としてレベル設定しています。

2-1 社員力診断の着目するポイント

　社員力診断の強みで着目するポイントは、以下の4つです。

　これらのポイントごとに、それぞれ4つの知的資産の視点から評価します。

　2-1-1以降に示している各知的資産のレベル設定例は、普段接する機会の少ない中小製造企業の事業評価に初めて取り組もうとする金融機関関係者向けに知的資産研が参考例として設定したものです。知的資産研の会員である中小企業診断士は、長年の支援経験から業種や業界、企業の業歴など企業の実態に合わせて最適と思われる評価指標を柔軟に設定しています。

　しかし、知的資産の観点から企業を評価する経験に乏しい方は、どうしても評価の視点が参考指標に引きずられがちです。貴社が「社員力診断」に取り組む際には、各知的資産の視点をよく理解し、貴社ではどのような事象を確認すれば貴社の知的資産のレベルが評価できるのかを後継者や社員とよく話し合いながら定め、5段階のレベルに分けて、自社がどの水準にあるかを評価すると良いでしょう。

図II7 社員力診断の着目ポイント

儲けの仕組み	儲かるポイントは明確になっているか、目標達成のために軌道修正できているかなど、ビジネスアイデアがあり、それが把握されているかに着目します。
外部との人脈	ビジネスには人脈が不可欠です。お客様・パートナー・仕入先等と信頼関係は構築されているかを確認します。
社員の能力	企業の付加価値を生むのは社員です。社員の能力やノウハウが、事業に活かされているかを評価します。
仕事の仕組み	競合他社に勝つための組織的な仕組みが強化されているか、効率よく仕事（標準化、教育、改善活動、IT化）ができるかを評価します。

出所: 筆者作成

　企業が儲けを得る目的は、事業活動を通じて創造した価値を提供することにより社会に貢献することにあります。ヒト、モノ、カネ、情報等経営資源の豊富な企業が必ずしも儲けを得るわけではありません。自社の存在意義をよく理解し、より多く社会に貢献すべく、毎年、全社員が目標を持って、事業活動に取り組む仕組みのある会社には、「儲けの仕組み」があるといえます。

　「儲けの仕組み」とは、経営資源を利益に換える仕組みがあり、その仕組みを社員と共有していることです。

　儲けの仕組みでは、以下の4つの「知的資産」の視点から評価します。

図Ⅱ8　儲けの仕組み

経営理念	・企業の組織の社会的意義を明確にする ・業種や時代が変わっても変わらない価値がある
経営戦略	・どのような戦略で攻めるか ・どの分野を攻めるか（絞り込み）
経営管理（予算・実績）	・予実算管理（定期的なフォローアップ）の実行 ・アクションプランの作成と実行
信用・信頼度	・社員が自信を持っていること ・顧客がファンになること（信頼感）

出所：筆者作成

（1）経営理念

　経営理念が設定され、実行され、効果が出ているか（全社員が理解しているか）を評価します。経営理念を基に社員が行動し、顧客をはじめとする外部関係者に経営理念が評価されているかが指標となります。

　会社の目指す方向性や社員の行動原理の指針になるものであり、社員全員が共有していることが重要です［図Ⅱ9］。

図II9 経営理念のレベル設定例

	レベル1	レベル2	レベル3	レベル4	レベル5
経営理念 浸透度 評価指標	社長の頭の中にはある。	社員に周知するよう努力している。	年に数回は理念を社員に説明している。	事業の目標や社内制度として具体化している。	取引先からも当社理念を評価されている。

出所：筆者作成

（2）経営戦略

　中期的な経営目標を達成する確度を上げるための、工夫があるかを評価します。経営戦略が、社員に理解され実績がでているかが評価の指標になります［**図II 10**］。

図II10 経営戦略のレベル設定例

	レベル1	レベル2	レベル3	レベル4	レベル5
経営戦略 共有度 評価指標	戦略は社長の頭の中にある。	戦略が社内に提示されている。	戦略を年度初めに社員へ説明している。	半年単位で、反省・対策を実施している。	戦略に沿った実績が出ていることを説明できる。

出所：筆者作成

（3）経営管理（予算実績管理）

　事業活動を数値で管理し、月次目標と実績を比較し、目標達成するため具体的改善対策を実行しているかを評価します。改善の進み具合が数値で管理されているかが評価の指標となります［**図II 11**］。

図II11 経営管理（予算実績管理）のレベル設定例

	レベル1	レベル2	レベル3	レベル4	レベル5
経営管理レベル評価指標	年に1回決算時しか損益状況がわからない。	月次は税理士任せで、社長以外関与なし。	月次で受注／出荷の損益管理ができている。	目標との乖離につき改善策を月次で検討。	改善策の進み具合を数値管理している。

出所：筆者作成

(4) 信用・信頼度

　お客様が当社をどう評価しているか、その評価を意識し、磨きをかけているかを評価します。お客様から信用・信頼がどれだけ受注につながっているかが評価の指標になります［**図Ⅱ 12**］。

図Ⅱ12 信用・信頼度のレベル設定例

	レベル1	レベル2	レベル3	レベル4	レベル5
ブランド力評価指標	当社の売りが何かわからない	当社の売りはあるが積極的に発信せず	当社の売りを客先等へ訴求している	客先は○○○につき当社を評価している	当社の売りが新規受注につながっている

出所：筆者作成

2-1-2 外部との人脈力

　商流分析では外部関係者との結びつきを明確にしました。

　社員力診断では、この結びつきがどのようにして築かれているのかを明らかにします。「外部との人脈力」は、外部関係者（株主、取引先、仕入先、行政機関、地域社会）との信頼関係が築けているか、企業が持つ人脈力を、以下の4つの知的資産の視点から「見える化」します［**図Ⅱ 13**］。

図Ⅱ13 外部との人脈力

営業活動の範囲（分野と取引先）	・お客様の拡がりはあるか（トップ3企業との取引） ・事業の拡がりはあるか（事業の安定）
お客様との関係構築	・お客様からの信頼度 ・事業のパートナーになっているか
協力企業との関係構築	・同業者と長期的な信頼関係があるか ・同業者と横の連携ができているか
仕入先との関係構築	・取引先との長期的な信頼関係があるか ・取引先が事業のパートナーになっているか

出所：筆者作成

(1) 営業活動の範囲

　事業分野や取引先の数が多ければ、それだけ事業の安定につながります。したがって、市場動向の観点から、特定分野への依存による事業リスク、あるいは事業機会獲得の可能性を評価します。当社事業に関係する市場分野と重要取

引社数がどれくらいあるかを評価の指標とします［**図II 14**］。

図II 14 営業活動の範囲のレベル設定例

	レベル1	レベル2	レベル3	レベル4	レベル5
営業活動の範囲評価指標	1分野3社未満	1分野5社未満	1分野5社以上	3分野各3社程度	3分野各5社以上

出所：筆者作成

（2）お客様との関係構築

お客様ニーズをとらえ、事業を強化していることを評価します。お客様の潜在ニーズをどれだけ見出しているかが評価の指標になります［**図II 15**］。

図II 15 お客様との関係構築のレベル設定例

	レベル1	レベル2	レベル3	レベル4	レベル5
お客様との関係構築度評価指標	お客様の評価や情報提供を意識していない。	お客様の評価や情報提供を受けるが社内展開は不十分。	お客様の顕在ニーズや重要情報を公式に入手し対応。	お客様の顕在ニーズや重要情報を競合他社に先駆け入手し活用。	お客様の潜在ニーズを見出す活動まで展開。

出所：筆者作成

（3）協力企業との関係構築

協力企業と売買取引関係以上に、お互いの事業拡大を意識した情報交換・活用ができているかを評価します。互いの事業拡大に効果のある活動がどれだけできたかが評価の指標になります［**図II 16**］。

図II 16 協力企業との関係構築のレベル設定例

	レベル1	レベル2	レベル3	レベル4	レベル5
協力企業との関係構築度評価指標	工程の一部を外注するなど単純な売買取引だけ。	問題が発生したときのみ情報交換し改善活動している。	協力企業との改善活動を半期に1回程度確認している。	補完関係を活かして受注案件の間口を広げる。	過去1年以内で効果のあった案件を説明できる。

出所：筆者作成

(4) 仕入先との関係構築

　仕入先の技術動向・生産動向、さらに当社の競合先情報等も収集し、活用しているかを評価します。仕入先との共同開発など、互いの課題解決につながる活動をどれだけ実施しているかが評価の指標になります［**図Ⅱ17**］。

図Ⅱ17　仕入先との関係構築築のレベル設定例

	レベル1	レベル2	レベル3	レベル4	レベル5
仕入先との関係構築度評価指標	不良品交換・価格・納期交渉以外、戦略的な情報交換はない。	問題が発生したときに、原因追及や技術改良等を一緒に検討している。	重要仕入先とは、年に2回以上は事業上の情報交換をしている。	仕入先からの情報を参考にして、年度経営計画等へ反映している。	共同開発や秘密保持契約を締結し、課題達成活動を実施している。

出所：筆者作成

2-1-3　社員の能力

　社員の能力には、人間的魅力、思いやり、経験、技術、向上心など様々あります。しかし、これらを仕事に活かせて初めて能力になります。そして、これらの社員の能力は、企業活動の様々な面に活かされています。直接的には、営業活動や技術開発、製造面での工夫などで発揮されます。社員の能力を以下の4つの知的資産の視点から評価します。

図Ⅱ18　社員の能力

外部情報収集・活用力	・営業力そのもの:目的を持って開拓しているか ・人脈を事業に活かせる信頼関係を築けているか
お客様応対力	・お客様のすべてに興味を持っているか（CRM） ・お客様に合ったきめ細かい応対ができているか
ノウハウ創造・活用力	・同業者より優れた力を持っているか ・お客様に価値を提供しているのは何か
社内とりまとめ力	・常に向上心を持ってがんばっている社員がいるか ・お客様に褒められる（指名される）社員がいるか

出所：筆者作成

(1) 外部情報収集・活用力

　社内に外部情報を積極活用しているキーマンが存在することを評価します。

外部情報の事業への活用により、どれだけ業績に効果をもたらしているかを評価の指標とします［**図Ⅱ 19**］。

図Ⅱ19 外部情報収集・活用力のレベル設定例

	レベル1	レベル2	レベル3	レベル4	レベル5
外部情報収集・活用力評価指標	意識的な情報収集はしていない。	年に1、2回は外部から情報収集している。	計画的に外部情報を収集し、情報共有している。	収集した情報から、改善のための課題を設定している。	外部情報を事業に活用し、業績改善効果が出ている。

出所：筆者作成

（2）お客様応対力

お客様情報を活用し、お客様を大切にしていることが相手に通じているかを評価します。お客様の情報を共有化する仕組みが構築され、社内の誰もがお客様に対応できるかが評価の指標となります［**図Ⅱ 20**］。

図Ⅱ20 お客様応対力のレベル設定例

	レベル1	レベル2	レベル3	レベル4	レベル5
お客様応対力評価指標	お客様の問合せに担当者以外対応できない。	担当者以外不在時のお客様の問合せに対応するが情報共有が不十分でお客様の満足度は低い。	担当者不在時のお客様問合せ対応のため、名刺情報など最低限の情報は共有している。	担当者不在時のお客様問合せ対応のため、お客様取引例歴などの情報共有を十分している。	お客様情報を共有する仕組みがあり、誰でもお客様の問合せに対応できる。

出所：筆者作成

（3）ノウハウ創造・活用力

設計・製造条件、評価、施工図面、クレーム原因等社内のノウハウが蓄積・活用されているかを評価します。蓄積されたノウハウが、どれだけ事業の核として活用されているかが評価の指標になります［**図Ⅱ 21**］。

図Ⅱ21 ノウハウ創造・活用力のレベル設定例

	レベル1	レベル2	レベル3	レベル4	レベル5
ノウハウ創造・活用力評価指標	過去の提出図面は散乱し、取引先からの問合せに活用できない。	過去の提出図面は保管され、取引先からの問合せに活用できる。	図面とノウハウメモが一体で管理されリピート品や新規案件に活用できている。	ノウハウは営業秘密管理し、先使用権や特許権取得など検討している。	ノウハウが事業のコアとなっている。

出所：筆者作成

（4）社内取りまとめ力

社員からの相談を受け、ビジネスが円滑に進む関係性を構築している人の存在を評価します。社員が仕事で困ったときに頼りになる相談相手が存在し、社内がその人を中心にまとまっているかを評価の指標とします［**図Ⅱ22**］。

図Ⅱ22 社内取りまとめ力のレベル設定例

	レベル1	レベル2	レベル3	レベル4	レベル5
社内取りまとめ力評価指標	社員から仕事で困ったときの相談はほとんどない。	年に2、3回仕事の相談を受け、対応している。	仕事で困っているとき、こちらから手をさしのべている。	社員からいつでも自主的に相談をしてきて、事業に良い影響を与えている。	仕事で困ったときに頼りになる相談相手がいるので、社員がまとまっている。

出所：筆者作成

2-1-4 仕事の仕組み

特定の社員に依存せず、社員のレベルの底上げをして、社員が誰でも一定レベルの仕事ができる仕組みが構築されていることも大切な資産となります。

属人的な強み（社員の能力）を組織の能力に換えていくのが「仕事の仕組み」です。

「仕事の仕組み」があれば、誰もが一定のレベルで仕事ができる社員を育てることができます。また、効率が上がり会社が強くなります。仕事の仕組みは、以下の4つの知的資産の視点から評価します。

図Ⅱ23 仕事の仕組み

各種管理の仕組み	・良い品質、環境管理が次の仕事を呼び込む ・ばらつきを無くすことが品質管理
人材育成の仕組み	・計画的な教育、訓練でレベルの底上げをする ・ミスとばらつきを減らす
利益創造・費用低減活動の仕組み	・常にムダを探し、ムダを除く活動 ・ムダは現場が一番よく知っている
業務改善の仕組み	・人はミスをする　→ITはミスを減らす手段 ・重複する仕事を減らすことで収益に貢献するIT化

出所：筆者作成

（1）各種管理の仕組み

　各種の管理システムにより、仕事のやり方が個人任せでなくルール化され、速く・正確に・ミスのない業務遂行ができているかを評価します。各種管理システムによる業務の遂行が、お客様に評価されている、あるいは、お客様開拓に活用できているかが評価の指標になります［**図Ⅱ24**］。

図Ⅱ24 各種管理の仕組みのレベル設定例

	レベル1	レベル2	レベル3	レベル4	レベル5
各種管理の仕組み構築度評価指標	ルールはなく個人任せでありクレームは定常的に発生している。	ルールはあるが社員に徹底されず、ときどきクレームが発生する。	文書化されたルールに従った業務遂行が定着しており、クレームは原因調査まで実施されている。	システム運用により効果が上がっていることを数値で説明できる。	お客様に評価されている、あるいはお客様開拓に活用できている。

出所：筆者作成

（2）人材育成の仕組み

　企業の実態に合った人材育成を行い、社員とお客様満足度向上を図っているかを評価します。スキルマップが存在し、有効に活用されどれだけ事業に役立っているかが評価の指標になります［**図Ⅱ25**］。

図II25 人材育成の仕組みのレベル設定例

	レベル1	レベル2	レベル3	レベル4	レベル5
人材育成の仕組み構築度評価指標	事業に必要な技術・スキルが明確になっていない。	個別には思い立った時に社員に教育受講（資格取得）を勧めている。	全社員のスキルマップを作成し、人材育成計画を作成している。	定期的に計画の進捗を確認し、全社員にフィードバックをしている。	スキルマップが有効に活用され事業に貢献している。

出所：筆者作成

（3）利益創造・費用低減活動の仕組み

　全社員が改善活動に参加し、活動が「見える化」され、収益基盤を支えていることを評価します。改善活動の利益への貢献度は、当社にとってどれだけ大きいかが評価の指標となります［**図II 26**］。

図II26 利益創造・費用低減活動の仕組みのレベル設定例

	レベル1	レベル2	レベル3	レベル4	レベル5
利益創造・費用低減活動の仕組み構築評価指標	個人任せで、改善活動の取り組みなし。	個人任せだが、改善提案は年に数回あり。	改善提案を推進する仕組みと組織がある。	年に1回は活動報告会を開催し、競争環境を醸成している。	改善活動の営業利益への貢献度は当社にとっては大である。

出所：筆者作成

（4）業務改善の仕組み

　経営資源となる情報を収集し、蓄積された独自の情報を織り込んだ改善活動が行われているかを評価します。IT活用による経営の推進がどれだけできているかが評価の指標となります［**図II 27**］。

図Ⅱ27 業務改善の仕組みのレベル設定例

	レベル1	レベル2	レベル3	レベル4	レベル5
業務改善の仕組み構築度評価指標	業務改善に全く手を付けていない。	業務改善には取り組んでいるがIT化は未検討。	一部IT化による業務効率向上を実施中。	経営力向上のためのIT化を検討している。	現状、IT活用し、経営を推進できている。

出所：筆者作成

2-1-5 社員力診断の結果分析

(1) 社員力診断の評価表

　社員力診断は、前に説明したように「儲けの仕組み」「外部との人脈力」「社員の能力」「仕事の仕組み」の視点ごとに5段階で評価します。

　補足説明の欄にはどのような事実に基づいてレベル判定をしたかを記載します。ここで特筆される仕組みは企業の強さの源泉と判断できます[**図Ⅱ28**]。

(2) 評価結果の分析

　社員力診断により、4つの視点から5段階評価し、それぞれのレベルを決定したら、その結果をレーダーチャートで描き、当社の強みと弱みの原因を分析します。これまで実施してきた中小企業の社員力診断評価結果は、レベル3以下が大半でした。その中でレベル4や5で評価された項目は特筆すべき項目として丸で囲みます。これらは企業の強みの源泉と思って間違いありません。もっと伸ばせないか、もっと活用できないか検討しましょう。

　一方、レベル1や2に評価された項目は三角で囲み、どのような影響があり、どう改善していくかを明らかにしましょう。ただし、経営資源の乏しい中小企業にとって強みを伸ばし活用して事業機会をつかむことこそ重要です。低いレベルに評価されても、当社に対する影響が少なければ無視してもかまいません。

　このように社員力診断は、どのような社員力が商流分析で確認した取引関係から見た当社の強みの源泉となっているのかを明らかにしてくれます。社長と後継者が一緒に社員力診断を実施し、当社の強みの源泉を再確認できれば、これからの事業承継にも自信をもって取り組めるのではないでしょうか。

図II28 社員力診断指標のチャート

企業名：　　　　　　　　　　　　　記入日：　年　月　日　作成者：

	社員の活動	レベル1	レベル2	レベル3	レベル4	レベル5	補足説明
儲けの仕組み	①経営理念	□社長の頭の中	□社員周知努力	□社長から説明	□具体的展開	□外部から評価	
	②経営戦略	□社長の頭の中	□社内に提示	□社長から説明	□半期PDCA	□実績に反映	
	③経営管理	□年1回損益把握	□税理士任せ	□月次損益管理	□月次PDCA	□改善数値管理	
	④信用・信頼度	□売りが不明	□発注弱い	□客先へ訴求	□客先から評価	□新規受注効果	
外部との人脈力	①営業活動の範囲	□1分野3社未満	□1分野5社未満	□1分野5社以上	□3分野3社以上	□3分野5社以上	
	②お客様との関係構築	□情報入手せず	□情報入手あり	□ニーズ入手	□ニーズ活用	□ウオンツ提供	
	③協力企業との関係構築	□外注関係	□問題解決連携	□改善活動あり	□補完関係構築	□改善効果あり	
	④仕入先との関係構築	□購入関係のみ	□問題解決連携	□事業情報交換	□情報活用	□共同開発契約	
社員の能力	①外部情報収集・活用力	□情報収集なし	□質問交数程度	□計画的に収集	□外部情報活用	□効果あり	
	②お客様応対力	□担当者のみ	□一部対応可	□代理対応可	□十分代理対応	□仕組みあり	
	③ノウハウ創造・活用力	□蓄積情報なし	□蓄積情報保管	□過去情報活用	□ノウハウ管理	□ノウハウが核	
	④社内取りまとめ力	□相談相手不在	□相談は年数回	□上司に問う	□気軽に相談	□一致団結力高	
仕事の仕組み	①各種管理システム構築	□個人任せ	□部分的ルール	□全社的ルール	□効果を説明可	□お客様が評価	
	②人材育成の仕組み	□不明確	□必要に応じて	□スキルマップ	□育成PDCA	□育成効果あり	
	③利益創出・費用削減活動	□個人任せ	□改善提案件数	□提案制度あり	□改善発表会	□改善効果大	
	④業務改善仕組み	□なし	□あり	□一部IT化	□経営力向上	□ITで経営推進	

出所：筆者作成

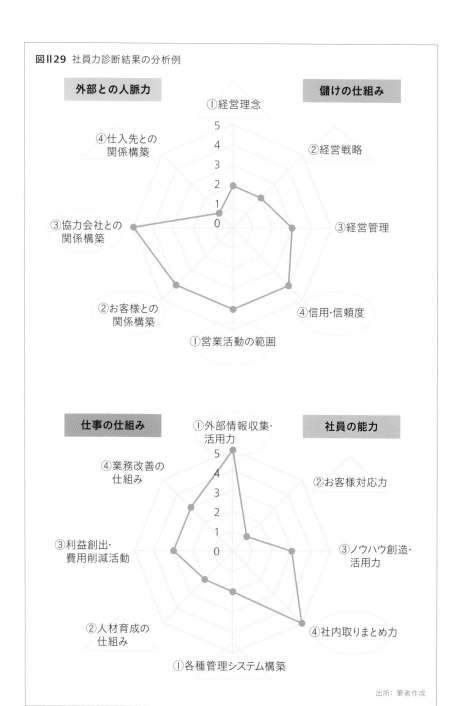

図II29 社員力診断結果の分析例

外部との人脈力

①経営理念
②経営戦略
③経営管理
④信用・信頼度
①営業活動の範囲
②お客様との関係構築
③協力会社との関係構築
④仕入先との関係構築

儲けの仕組み

仕事の仕組み

①外部情報収集・活用力
②お客様対応力
③ノウハウ創造・活用力
④社内取りまとめ力
①各種管理システム構築
②人材育成の仕組み
③利益創出・費用削減活動
④業務改善の仕組み

社員の能力

出所：筆者作成

付録

　財務諸表は、社外に企業の経営状態を開示するためのものです。

　後継者や経営者は、企業の存続のために常に自社の現在の経営状態を把握する必要があります。そのために、財務諸表の知識が必要不可欠です。

　主な財務諸表として、貸借対照表（B／S）、損益計算書（P／L）、キャッシュフロー計算書（C／F）があります。

必要な財務知識

● 貸借対照表（B／S）：ある時点で、会社の資産がいくらあり、負債がいくらあるのかを示しています。

● 損益計算書（P／L）：一定期間（事業年度）に会社がどれだけの費用で、いくら利益を得たか、またはいくらの損失となったかを示しています。

● キャッシュフロー計算書（C／F）：キャッシュ（お金）の流れを示しています。

　なお、財務諸表は、「過去から現在までの事業活動」の結果であり、将来の事業の継続性や成長性を示すものではありません。また、財務諸表には、無形資産としての知的資産（強み）が直接反映されていませんが、知的資産（強み）による売上や利益への影響や効果は含まれています。この知的資産は、将来においても事業への影響を与えるものです。

　したがって、後継者は、現在の経営状態を示す財務諸表の分析を行い、将来において自社の強みとなる「知的資産」を認識して、顧客対応や開拓、将来の新事業の立上などを進めて事業の成長を図る必要があります。

　詳細は、**付録1**を参照してください。

1-1　貸借対照表（B／S:バランスシート）

　企業の現時点（一般的には期末）の財政状況を表しています。

　図-1のように、貸借対照表は「資産」（会社が所有している財産）、「負債」（他人資本）、「純資産」（自己資本）で構成されます。

　なお、資産＝負債＋純資産となります。

また、「負債」と「純資産」は、会社が所有する財産の元となったお金の調達方法を表しています。資金調達では、新たな借入手段として、補助金の獲得、IT活用資金調達（クラウドファンディング等）や無形資産担保融資等があります。

最近は国の方針や施策として、担保融資だけではなく事業成長性を重視し無形資産を評価した融資が改めて強調されています。金融機関もESG投融資、インパクトファイナンスのような新たな資金提供を進めています。

長期的視点から会社の安全性（健全性）を図る指標として、「自己資本比率」があります。つまり、会社の全資産のうち、返済しなくても良い自己資本（純資産）がどれぐらいの比率であるかを表すものであり、この比率が高いほど経営は安定し、倒産しにくい会社となります。

　　　自己資本比率（％）
　　　＝自己資本（純資産）÷総資産（資産の総合計）× 100

一般的には、「自己資本比率」が40％以上なら倒産の可能性が低い企業で、50％以上なら超優良企業と言われています。

図-1 貸借対照表

資　　産		負　　債	
流動資産	○○	**流動負債**	△△
現金預金	○○	支払手形	△△
受取手形	○○	買掛金	△△
売掛金	○○	短期借入金	△△
有価証券	○○	**固定資産**	△△
商品	○○	長期借入金	△△
固定資産	□□	社債	△△
土地	□□	**純資産**	
建物	□□	資本金	◇◇
機械	□□	利益剰余金	◇◇
合計	○○	合計	○○

出所：筆者作成

次に、短期的視点から会社の安全性（健全性）を図る指標として、「流動比率」
があります。

この流動比率は200%以上が良いとされますが、一般的には130%〜150%
以上が安全性の目安です。また、流動比率が100%を下回っている場合には、
短期的な支払能力が足りず、資金計画を見直すなどの対策が必要です。

流動比率（%）＝ 流動資産 ÷ 流動負債 × 100

1-2　損益計算書（P／L）

損益計算書は、期首から期末まで（通常は1年）の成績表です。

この期間の売上から費用を差し引いて利益を計算するものです。つまり、こ
の期間に会社が「何に使って（費用）」「売上がどれくらいに（売上高）」「いくら儲
かったのか（利益）またはいくら損（損失）をしたのか」を知ることができます。

また、損益計算書の費用を「変動費」（売上高や生産量に応じて発生する費用）と

図-2　損益計算書

損益計算書　P／L	
売上高	○○
売上原価	○○
売上総利益	○○
販売費、一般管理費	△△
営業利益	△△
営業外費用	△△
経常利益	△△
特別利益	□□
特別損失	□□
税引前当期純利益	□□
法人税等	◇◇
当期純利益	◇◇

出所：筆者作成

「固定費」（売上高や生産量にかかわらず発生する費用）に分けることで、黒字と赤字の境界線となる「損益分岐点」を知ることができます。損益分岐点とは、売上高と費用が等しくなる損益がゼロとなるときの売上高です。つまり、売上高が損益分岐点を上回れば黒字（利益）となり、逆に損益分岐点を下回れば赤字（損失）となります。

損益分岐点（売上高）＝ 固定費 ÷ 限界利益率

なお、「限界利益率」とは、売上高に占める限界利益（売上高から変動費を差し引いた額）の割合をいいます。

1-3　キャッシュフロー計算書（C／F計算書）

キャッシュフロー計算書は、現金の増減とその理由を示すものです。

決算期首にいくらの現金があって、期末にいくら残っているかという現金の流れを把握するものです。つまり、キャッシュフロー計算書を見れば、現時点で手元にある現金の額（キャッシュ）を把握できます。

期末のキャッシュ残高
＝期首のキャッシュ残高＋期中のキャッシュ増額分
－期中のキャッシュ減少分

キャッシュフロー計算書は、「営業活動によるキャッシュフロー」（いくら資金を生み出しているのかを示す）、「投資活動によるキャッシュフロー」（設備投資や、事業への投資といった投資活動による現金の流れを示す）と「財務活動によるキャッシュフロー」（資金不足のときの資金調達方法と、借入金の返済方法を表す）から構成されます。

図-3 キャッシュフロー計算書

営業活動によるキャッシュフロー	
税金等調整前当期純利益	○○
減価償却費	○○
売上債権の増加額	○○
棚卸資産の減少額	○○
仕入債権の減少額	○○
有形固定資産売却損	○○
法人税等の支払額	○○
・・・	○○
営業活動によるキャッシュフロー合計	○○

投資活動によるキャッシュフロー	
有価証券取得による支出	△△
有価証券売却による収入	△△
有形固定資産の取得による支出	△△
有形固定資産の売却による収入	△△
・・・	△△
投資活動によるキャッシュフロー合計	△△

財務活動によるキャッシュフロー	
借入金の借り入れによる収入	□□
借入金の返済による支出	□□
社債の発行による収入	□□
社債の償還による支出	□□
・・・	□□
財務活動によるキャッシュフロー合計	□□
現金及び現金同等物の増減額	□□
現金及び現金同等物の期首残高	□□
現金及び現金同等物の期末残高	□□

出所：筆者作成

　経営戦略を立案するにあたって用いられるツール（手段）のことで代表的なものに以下のようなものがあります。

2-1　PEST分析

　PEST分析とは、自社を取り巻く外部環境（自社でコントロールできない）が現在または将来にどのような影響を与えるかを政治（Politics）、経済（Economy）、社会（Society）、技術（Technology）の4つの観点で把握・予測するツールです。PESTとは、これらの頭文字をとって名付けられました。

　PEST分析で把握された要因から、「機会」を捉え、「脅威」に対応して事業を成長させるために採用すべき戦略を検討するためのツールです。

　たとえば、これらの要因に基づき、事業に影響を与えそうなものを抽出します。

- 政治的要因（Politics）には、政治状況、働き方改革の推進、金融施策（消費税、法人税の減税）、補助金、助成金の動向など
- 経済的要因（Economy）には、GDP、雇用データ、株価、賃金改定状況、消費者物価指数、所得変化動向、為替や金利の状況など
- 社会的要因（Society）には、人口動向、社会インフラ、感染症の状況、ライフスタイル、少子高齢化やリモートワークの推進など

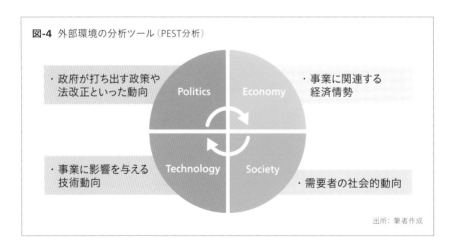

図-4 外部環境の分析ツール（PEST分析）

・政府が打ち出す政策や法改正といった動向　Politics

Economy　・事業に関連する経済情勢

・事業に影響を与える技術動向　Technology

Society　・需要者の社会的動向

出所：筆者作成

- 技術的要因（Technology）には、ITの動向、最新の技術（AI、ドローン、サイバー）、生産技術や製品ライフサイクルなど

2-2　SWOT分析

　SWOT分析とは、自社の事業の状況等を「強み（Strength）」「弱み（Weakness）」「機会（Opportunity）」「脅威（Threat）」の項目で整理して経営戦略の策定などに利用する分析するツールです。

　「強み」と「弱み」は、自社にてコントロールできるので「内部環境」といいます。なお、自社の「強み」や「弱み」は、当事者では不明な点もあるので、「顧客視点」「取引業者の視点」「社員による視点」や「競合会社との比較」などにより、多角的に把握することが必要です。

　また、「機会」と「脅威」は、自社でコントロールできない領域であるので「外部環境」といいます。

　特に、事業承継では、現状だけでなく今後を見通したSWOT分析が重要となります。

　①現在の「強み」は持続できるか、さらに強化できるか。

　②「弱み」が事業を行う上で支障となるか、支障となるなら克服できるか。

　③社会の変化や技術の進歩などの変化を新たな事業環境の「機会」とみるか、リスクや「脅威」とみるか［図-5］。

　SWOT分析では、下記図-5のように内部環境（プラス要因：強み、マイナス要因：弱み）や外部環境（プラス要因：機会、マイナス要因：脅威）に区分して整理しました。

図-5 SWOT分析

	プラス要因（強み）	マイナス要因（弱み）
内部環境	＊自社の保有する強み・長所 顧客が取引を継続する理由 例：技術力がある、品質が良い	＊内在する弱み・短所 例：生産性が低い、立地が悪い
外部環境	プラス要因（機会） ＊社会の変化や技術の進歩などで 自社の事業にプラスに働く 例：デジタル化の加速	マイナス要因（脅威） ＊社会の変化や技術の進歩などで 自社の事業にマイナスに働く 例：コロナ禍による影響

出所：筆者作成

図-6 クロスSWOT分析

		内部環境	
		強 み	**弱 み**
外部環境	**機会**	強み×機会（SO戦略） 強みを活かしてビジネスチャンスを掴む	弱み×機会（WO戦略） 弱みを克服/改善してビジネスチャンスを最大化する
	脅威	強み×脅威（ST戦略） 強みを活かして脅威の影響を抑える	弱み×脅威（WT戦略） 最悪のシナリオを回避するため脅威の影響を最小化

出所：筆者作成

　クロスSWOT分析では、SWOT分析で整理された「強み」、「弱み」、「機会」、「脅威」を掛け合わせることで、経営戦略を明確にします。特に、経営資源の乏しい中小企業は、自社の「強み」を「機会」に適用する「SO戦略」を経営方針の柱とします[**図-6**]。

2-3　アンゾフの成長マトリックス

　経営者は、企業を取り巻く環境が大きく変化するなかで、企業存続のために成長を続ける必要があります。そのためには、事業計画を立案する際のヒントとなるツールが、アンゾフの成長マトリックス（アンゾフの成長ベクトルともいう）です。

図-7 アンゾフの成長マトリックス

		商品・サービス	
		既存	**新規**
市場	**既存**	既存製品×既存市場「市場浸透戦略」 ＊現事業の深堀　宣伝広告や値引きなどで既存製品を多く買ってもらう戦略	新規製品×既存市場「新製品開発戦略」 ＊新たな商品を開発し、既存市場で販売する戦略
	新規	既存製品×新規市場「新市場開拓戦略」 ＊新たな市場を開拓して既存商品の販売を拡大する戦略。国内向けの商品を海外でも販売する。	新規製品×新規市場「多角化戦略」 ＊新たな商品を開発し新たな市場で販売する戦略

出所：筆者作成

アンゾフの成長マトリックスは、事業の成長を図るために、「製品・サービス」と「市場」のマトリックスの構図を作成し、これらをさらに「既存」と「新規」に分けて企業の成長戦略を表したものです［**図-7**］。

「市場浸透戦略」（既存製品/サービス×既存市場）は、既存の市場に、既存の製品・サービスを投入して、売上高・市場シェアの拡大をめざすもので、現在の事業の深堀戦略です。

「新製品開発戦略」（新規製品/サービス×既存市場）は、既存市場のニーズに対応した新製品・サービスを開発して、既存市場に投入して売上の拡大をめざす戦略です。

「新市場開拓戦略」（既存製品/サービス×新規市場）は、商品力や販売力によって既存製品・サービスを新しい市場に投入して、売上の拡大をめざす戦略です。

「多角化戦略」（新規製品/サービス×新規市場）は、新しい市場に新製品・サービスを投入する戦略です。

なお、事業環境が大きく変化する時代では、後継者は新たな取り組みが必要となり「市場浸透戦略」はとりにくく、また経営リソースが少ない中小企業はハイリスクハイリターンである「多角化戦略」も避けるべきです。

したがって、後継者は「新製品開発戦略」または「新市場開拓戦略」に取り組むべきです。

2-4　製品・事業のライフサイクル

プロダクト・ライフサイクルとは、製品が市場に投入されてから、寿命を終え衰退するまでのサイクルを「導入期」、「成長期」、「成熟期」、「衰退期」の4つに区分し、体系づけたものです。

プロダクト・ライフサイクルの概念図は、**図-8** のとおりです。

2-5　将来を構想するツール（経営デザインシート）

企業の存続のためには後継者（経営者）が、企業/事業の将来像を明確にする必要があります。そこで、将来構想を検討するフレームワークとして、内閣府知的財産戦略推進事務局が2018年に発表した自社/事業の将来を構想するための思考補助ツール（経営デザインシート）を紹介します。

経営デザインシートでは、企業理念や方向性を明示し、過去から現在までの

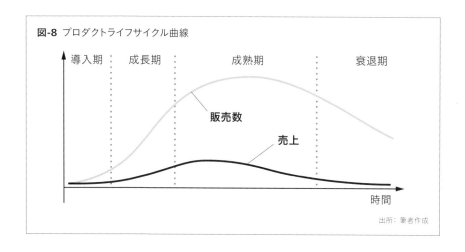

図-8 プロダクトライフサイクル曲線

導入期　成長期　　　成熟期　　　　衰退期

販売数

売上

時間

出所：筆者作成

図-9 プロダクトライフサイクルの概念図の説明

導入期	製品を市場に投入した時期であり、需要も小さく売上がまだ大きくない状態です。しかし、製品の認知を高めるための宣伝広告費や製品製造のための原価などがかかる段階であり、多くの場合には赤字となります。
成長期	製品認知度と比例して、売上と利益が急拡大していく段階です。したがって、競合他社も増加するので、ブランド力を高める必要が生じます。
成熟期	製品売上や利益が安定するが、市場の成長が鈍化し始め、上限に達する段階です。したがって、限られたシェアでの競合会社との競争が激化します。
衰退期	市場の需要が減少していき、市場規模が縮小傾向にあり、製品の販売終了が近づく段階です。競争の激化にともない、値引き交渉が頻繁に行われます。

出所：筆者作成

「価値創造メカニズム」を可視化し、将来の「価値創造メカニズム」を構想するものです。また、現在の状態から将来の企業/事業へ移行するにあたり、何をなすべきかの移行戦略を示します。

　つまり、将来の企業/事業の目指すべき姿に至る道筋を可視化するもので、現在から将来の目指す姿へのストーリーが1枚のシートで構成され、俯瞰的に把握できます［**図-10**］。

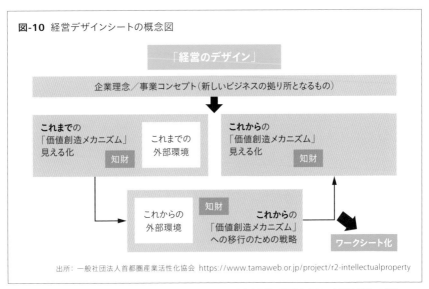

図-10 経営デザインシートの概念図

「経営のデザイン」

企業理念／事業コンセプト（新しいビジネスの拠り所となるもの）

これまでの
「価値創造メカニズム」
見える化
知財

これまでの
外部環境

これからの
「価値創造メカニズム」
見える化
知財

これからの
外部環境
知財

これからの
「価値創造メカニズム」
への移行のための戦略

ワークシート化

出所：一般社団法人首都圏産業活性化協会 https://www.tamaweb.or.jp/project/r2-intellectualproperty

「経営デザインシート」の詳細な説明は、知的財産戦略本部→「経営をデザインする」を参照してください。
（https://wwwkantei.go.jp/jp/singi/titeki2/keiei_design/index.html）。

3　事業承継の相談窓口

　各地域の事業承継・引継ぎ支援センターは、2021年版「中小企業施策利用ガイドブック」（中小企業庁）の「事業承継・引継ぎ支援センター」325ページに記載があります。（URL：https://www.chusho.meti.go.jp/pamflet/g_book/2021/index.html）。

はじめに

・テルモ株式会社ホームページ
・中小企業庁　2020年版「中小企業白書」

第1部

第1章

・中小企業庁　2021年版「中小企業白書」/ 小規模企業白書下「小規模企業者の底力」pX
・中小企業庁　2021年版「中小企業白書」p.Ⅱ-298
・中小企業庁　平成28年12月「事業承継ガイドライン」p.8
・中小企業庁　2017年版「中小企業白書」p.Ⅱ-327、Ⅱ-329
・中小企業庁　2020年版「中小企業白書概要」p.2 図4
・経済産業省　中小企業庁「中小企業・小規模事業者におけるM&Aの現状と課題」(資料3-1) (令和2年11月11日))
・中小企業庁　2021年版「中小企業白書」p.Ⅱ-308
・株式会社きらぼしコンサルティングの「親族内事業承継の手引書」
・中小企業庁　2021年度版「中小企業白書」p.Ⅱ-334
・中小企業庁　2021年度版「中小企業白書」p.Ⅱ-319

第2章

・経済産業省　知的財産政策室「知的資産経営評価融資の秘訣」p2
・株式会社狭山金型製作所
http://www.sayama-kanagata.co.jp/corporate_philosophy/
・株式会社 industria　https://industria.co.jp/
・株式会社ワコールホールディングス
https://www.wacoalholdings.jp/group/vision/
・株式会社ねぎしフードサービス
https://www.negishi.co.jp/company/index.html

第4章

・おしぼりレンタル業のモデル利益計画
https://ss-net.com/succession/files/rieki1910s.pdf
・株式会社きんざい　第13次業種別審査事典4057 精密部品切削加工業
・株式会社きんざい　第14次業種別審査事典5040 半導体製造装置製造業
・株式会社矢野経済研究所「非住宅建材・設備機器市場の動向調査」2021年1月21日発表
・株式会社きんざい　第14次業種別審査事典4044 溶融メッキ業
・化粧品産業ビジョン「日本の先端技術と文化に基づいたJapan Beautyを世界に発信し、人々の幸せ (well-being) と世界のサステナ

ビリティに貢献する産業へ」(令和3年4月:化粧品産業ビジョン検討会)
- 経済産業省
https://www.meti.go.jp/statistics/toppage/report/minikai
setsu/hitokoto_kako/20220105hitokoto.html・2022/1/5
- 株式会社経営情報出版社 業種別業界情報 2020年
- 首相官邸 知的財産戦略本部 「経営をデザインする」雛型
https://www.kantei.go.jp/jp/singi/titeki2/keiei_design/
- 一般社団法人日本電気計測器工業会NEWS RELEASE 2020
年12月18日
https://www.jemima.or.jp/news/file/news_release_2020
1218.pdf
- 一般社団法人日本試験機工業会
https://prtimes.jp/main/html/rd/p/000000054.000071640.
html
- 日本分析機器工業会のホームページ
- 株式会社きんざい「第14次業種別業界審査事典」5102 計量・
計測機器製造業
- 国際連合欧州経済委員会 規則UN－R46「間接視界に関する協
定規則」
- 厚生労働省「労働者派遣事業とは」
https://www.mhlw.go.jp/content/000881438.pdf
- 経営情報出版社「業種別業界情報2022年版」人材派遣業
- リスクモンスター株式会社「建築材料、鉱物・金属材料等卸売業」
https://www.riskmonster.co.jp/study/report/pdf/industry
report202008_02.pdf
- 株式会社きんざい 第14次業種別業界審査事典3102 工業用
プラスチック製品製造業

第5章
- 株式会社東京商工リサーチ「倒産企業の平均寿命23.8年 3年
ぶりに上昇【2021年】公開日付:2022年2月25日」
- 富士フィルムホールディングスホームページ 技術と事業の進化の
あゆみ
- 一般社団法人日本レコード協会 音楽ソフト種類別生産金額
- 中小企業大学校 https://www.smrj.go.jp/institute/tokyo/

付録
- 一般社団法人首都圏産業活性化協会
https://www.tamaweb.or.jp/project/r2-intellectualproperty
- 首相官邸 知的財産戦略本部 「経営をデザインする」
https://www.kantei.go.jp/jp/singi/titeki2/keiei_design/
index.html
- 2021年版「中小企業施策利用ガイドブック」(中小企業庁)「事業承
継・引継ぎ支援センター」
https://www.chusho.meti.go.jp/pamflet/g_book/2021/
index.html

著者プロフィール

礒部 晶 ［いそべ・あきら］

1958年9月山口県下関市生まれ。1984年3月京都大学工学部
卒業後日本電気株式会社に入社し半導体プロセス開発に従事。そ
の後2002年から株式会社東京精密にて半導体製造装置事業の
責任者、2006年からニッタハース株式会社（現ニッタデュポン）にて
半導体用材料開発、2013年から株式会社ディスコにて半導体新
規事業開発を行い、2015年に技術コンサルとして株式会社ISTL
を設立し独立。2014年には九州大学より博士学位取得。主に半
導体関連の技術開発・事業開発コンサルタントを行っている。
2018年に中小企業診断士資格を取得し、技術コンサルの傍ら中小
企業の経営改善などの活動を行っている。

資格 中小企業診断士、博士（工学）、2級FP技能士、2級知的財産管理
技能士

磯山 隆志 ［いそやま・たかし］

1971年5月東京都中野区生まれ。法政大学経済学部卒業、中小
企業診断士、ITコーディネータ、ITストラテジスト、システム監査
技術者、情報処理安全確保支援士、健康経営エキスパートアドバ
イザー、認定経営革新等支援機関、アドラー心理カウンセラー。
株式会社アルウォール代表取締役。創業後のフォローアップ、経営
革新計画策定などを支援。

著書 『新版経営革新支援の進め方』共著（同友館）、『中小企業診断
士になったら読む本PartII』共著（同文館）、JRS経営情報「スマートフォ
ンの最新セキュリティ」「従業員による非常識なSNSの投稿被害を防ぐ」ほ
か、一般社団法人東京都中小企業診断士協会中央支部ウェブサイト専門
家コラム「アドラー心理学で実践する！ 人を大切にする経営」https://
www.rmc-chuo.jp/manager/column/2016082902.html「人を大切
にする経営で自社に関わる人々を幸せにするには」https://www.rmc-
chuo.jp/manager/column/2018083101.html「ティール組織で人を
大切にする経営を実践するには」https://www.rmc-chuo.jp/manag
er/column/2021022302.html

内山 朗 ［うちやま・あきら］

1954年7月北海道小樽市生まれ。1979年3月北海道大学工学部を卒業、株式会社日立超LSIシステムズ（現株式会社日立ソリューションズ・テクノロジー）に入社。同社にて半導体製品の設計開発、製品企画および事業化に従事。2011年に中小企業診断士資格を取得し独立。2019年3月東京農工大学大学院工学府産業技術専攻を修了。経営革新等認定支援機関としての活動に加え（公財）東京都中小企業振興公社企業変革アドバイザーなど公的支援機関専門家として主に中小製造企業の経営改善、中期事業計画策定、製品開発などを支援。元日本工業大学専門職大学院客員教授。（一社）東京都中小企業診断士協会三多摩支部小規模企業知的資産経営実践研究会会長。

資格 中小企業診断士、技術経営修士（MOT）、ものづくり改善インストラクター、経営革新等認定支援機関

久保 行幸 ［くぼ・みゆき］

1952年2月三重県津市生まれ。芝浦工業大学工学部通信工学科卒業、日本警備保障株式会社（現セコム株式会社）にて、知的財産・技術調査・技術管理・技術法務分野の責任者を歴任。在職中に1級販売士、ITコーディネータ、2級FPを取得。2014年に城西国際大学大学院経営情報学研究科起業マネジメント専攻中小企業診断士登録養成課程修了（MBA取得）し、中小企業診断士資格を取得しk&mコンサル株式会社を設立（代表取締役）、現在知財総合支援窓口（東京都）相談対応者、NPO法人健全経営コンサルタント協会理事、（一社）多摩西部コンサルタント協会に所属、（一社）首都圏産業活性化協会コーディネータなど。主に特許の出願発掘を始め権利化、知財戦略の策定、知的財産の活用など知的財産全般を専門に活動している。元実践女子大学非常勤講師。

資格 中小企業診断士、経営学修士（MBA）、1級販売士、ITコーディネータ、2級FP技能士

著書 『実務に役立つ防災・防犯の知識』編集委員長、共著（株式会社オーム社）、『電気設備ハンドブック』共著（株式会社オーム社）他

木島 研二 ［きじま・けんじ］

1950年3月神奈川県横浜市生まれ。1974年慶応義塾大学院機械工学研究科修士修了、（株）東芝に入社。鉄道や電力変換分野で研究開発・設計・製造、プロジェクト活動、様々な大手・中小企業との連携（共同開発、事業化他）、顧客対応等に従事。

2003年に独立し、技術・知財・事業、各種施策の調査や評価、コンサルティングや審査、執筆、セミナー、各種プロジェクト等を経験した。現在は技術・市場の動向調査、中小企業の診断や支援及び東京都のゼロエミッション事業のプロジェクトマネージャ活動を実施。

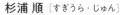

資格 中小企業診断士、知的財産管理技能士、省エネエキスパート

著書 『顧客視点の成長シナリオ』共著（ファーストプレス）、『再生可能エネルギーの技術動向と最新ビジネスモデル2015』（通産資料出版会）、『コンサルティング・ビジネス虎の巻』共著（日本地域社会研究所）、論文：新幹線「初代のぞみ」の技術革新、高速化の実現と保全・保守（日本ロジスティック協会）他

杉浦 順 ［すぎうら・じゅん］

1951年6月東京都生まれ。1978年東京大学工学系研究科修士修了、株式会社日立製作所に入社。同社技術本部長として半導体製造技術開発、製造装置開発、製品設計技術開発、技術開発戦略策定に携わる。2003年株式会社ルネサステクノロジへ承継転籍しシステムLSI事業の事業統括General Manager、経営企画統括Exectiveとして事業戦略策定に携わり、ベトナム関連会社および国内関連会社2社の取締役として新会社立上げを行う。

2009年経営コンサルタントとして独立し、製造業中小企業の経営改善支援を手がけ、2012年に中小企業診断士登録、同年株式会社ワールド・ビジネス・アソシエイツに入社しJICA/ODA事業や国内中小企業の海外展開支援を行い、2015年から同社代表取締役社長を務める。2019年から一般社団法人東京環境経営研究所副理事長を兼務。

一般社団法人東京都中小企業診断士協会三多摩支部小規模企業知的資産経営実践研究会前会長、中小企業診断士

著書 『製造・輸出国別でわかる！ 化学物質規制ガイド2021年改訂版』編著（第一法規）、『"ケムシェルパ"を活かした よくわかる規制化学物質のリスク管理』共著（日刊工業新聞）他

イナズマメソッドで成功する事業承継

2023 年 3 月 31 日　第 1 刷発行

著　者　小規模企業知的資産経営実践研究会
発行者　加藤一浩
発行所　株式会社きんざい
　　　　〒160-8520　東京都新宿区南元町 19
　　　　　　　　　電話　03-3355-1770（編集）
　　　　　　　　　　　　03-3358-2891（販売）
　　　　　　　　　URL　https://www.kinzai.jp/

イラスト：かち乃ちのら／デザイン：松田行正＋梶原結実
印刷：シナノ印刷株式会社

ISBN978-4-322-14263-1